Nürnberg, 04. Februar 2010

Wir wünschen Dir viel Spaß bei der Reise durch das Chianti!

Deine Sigrid +

Cosimo Melani: "Chianti-Landschaft"

Titelfoto:
Kreuzgang der antiken befestigten Pfarrkirche im Kastell San Polo in Rosso (Gaiole in Chianti)

REISEN IM CHIANTI

TUCHFÜHLUNG MIT ANTIKEM TOSKANISCHEN BODEN

DEN MENSCHEN IM CHIANTI GEWIDMET

Ein Reisebericht zwischen Vergangenheit und Gegenwart.
Eine Reise, die vor vielen Jahren begann und noch andauert.

florence packaging

"Die toskanische Campagna wurde wie ein Meisterwerk von demselben feinfühligen Volk konstruiert, das seinen Künstlern im 15. Jahrhundert Fresken und Gemälde in Auftrag gab: Diese Charakteristik, das in der Grafik der Felder verborgene Leitmotiv, prägt die Architektur der Toskana. Die toskanische Landschaft ist wie ein Garten angelegt, und auch die Maler aus den Städten trugen zur Idealisierung der *campagna* bei, besonders der niedrigen Hügelzonen im Umfeld der urbanistischen Gefüge".

(Henri Desplanques)

Leonardo Castellucci

REISEN IM CHIANTI

ZUM KENNENLERNEN EINES ANTIKEN TOSKANISCHEN GEBIETS

Fotos: Gian Luigi Scarfiotti

Louis Gauffierre: *Portrait Dr. Penrose,* 1799
Minneapolis, Institute of Arts

florence packaging

Danksagung
Gemeindeverwaltungen im Chianti

Laura Bianchi, Castello di Monsanto, für das Foto auf S. 129
Banca Del Chianti Fiorentino (San Casciano val di Pesa) für die Fotos auf den Seiten 57, 58, 59
Consorzio Marchio Storico, Fondazione Lega del Chianti und Terre del Chianti für die Abbildungen auf Seite 56
Agricola Querciabella für die Abbildungen auf Seite 165
Dievole AG. für die Fotos auf den Seiten 167, 168 und 169 (unten)

Archäologen Enrico Ciabatti und Giulia Pettena,
Architekt Spartaco Mori
Raffaello Barbaresi

Weiters danken wir:
Der Familie Melani für
das Werk von Milo Melani
auf Seite 151
Der Familie Del Poggetto für das Werk von Milo Melani auf S. 89
Venturino Venturi für die Erlaubnis der Wiedergabe seines Werks auf S. 163

Unser besonderer Dank ergeht an
Giovanni Brachetti Montorselli

Idee und Ausarbeitung: Florence Packaging – Florenz

Herausgegeben von Leonardo Castellucci und Monica Manescalchi

Texte: Leonardo Castellucci

Abbildungen: Gian Luigi Scarfiotti

Aquarell: Cosimo Melani

Grafisches Projekt: Cosimo Melani

Layout: Cosimo Melani, Filippo Gini

Redaktion: Laura Lombardini

Übersetzung: Ingeborg Babitsch

Fotosatz: Suoni e Armonie S.R.L. – Fiesole (Florenz)
Druck und Einband: Grafiche Fover S.p.A. (Foligno)

ISBN 88-901079-1-X

© Florence Packaging, Idee per l'Editoria
Via Cosimo Il Vecchio, 5 Florence Italy
E-Mail: florencepackaging@libero.it

Alle Rechte vorbehalten, insbesonders die der Übersetzung, der Übertragung durch Bild- und Tonträger,
der Speicherung in Datensystemen, der Verbreitung durch elektronische Medien,
der Fotokopie oder Reproduktion durch andere Vervielfältigungssysteme.

Nachdruck, auch auszugsweise, nur mit Genehmigung des Verlags.

INHALT

11
EINFÜHRUNG
Landzunge zwischen zwei antiken Städten

19
HÜLLEN AUS STEIN
Kirchen, Herrensitze und Bauernhäuser

56
CHIANTI IM MUSEUM
'Versteckte' Meisterwerke

61
LEBEN IM CHIANTI
Reisen in einem 'Kultivierten Salon'

85
KUNSTVOLLES HANDWERK
"Cotto" und andere Manufakte

101
DIE KUNST EINER 'CUCINA POVERA'
Essen à la Chiantigiana

125
DIE REBE UND DER ÖLBAUM
Landwirschaft: Business und Leidenschaft

171
Die Chianti Classico-Gemeinden
Weitere Reisenotizen

186
INDEX
Namens- und Ortsregister

190
BIBLIOGRAFIE

AGER CLANTIVS ET EIVS OPPIDA

LANDZUNGE ZWISCHEN ZWEI ANTIKEN STÄDTEN

enn man sich anschickt, über diesen Erdflecken zu schreiben, kommen einem am ersten rhetorisch gefärbte Adjektive in den Sinn – nicht umsonst wurde jahrhundertelang die Kunst der wirkungsvollen Rede-Gestaltung, eben der Rhetorik, gelehrt – doch sollte man dieser Versuchung widerstehen. Widmen wir uns daher der schwierigen Aufgabe, persönliche Eindrücke und Suggestionen in Worte zu fassen, ohne in wiedergekaute Platitüden gewisser pompöser und verallgemeinernder Beschreibungen zu verfallen.

Eine Reise im Chianti bedeutet den Besuch einer gepflegten Agrarlandschaft. Die spontane Flora ist von niedrigem Sommereichen-Gebüsch geprägt, daneben findet man Hainbuchen und Kastanien, während an den Uferlinien Pappeln und solitäre Erlen in Symbiose mit den Gewässern gedeihen. Im niedrigen Gestrüpp der *macchia* leuchten die gelben Blütenschöpfe der Ginster neben Wacholdersträuchern hervor: Die autochthone Flora erobert sich ihren Lebensraum, den sie mit einer Skansion hügelübergreifender Weinberge teilt, sowie mit den silberfarbenen Olivenhainen, die jedoch weniger vordergründig, ja fast zufällig wirken, da die kleinen Ölbäume dank ihrer kultivierten, ausgeprägt spirituellen Natur einen angenehmen visuellen Eindruck bieten, der das Gemüt erheitert. Vergleichen Sie einen Spaziergang durch einen luftigen Olivenhain mit einer Wanderung durch das sich neurotisch wiederholende, wenngleich wunderschöne Labyrinth eines Weingartens: Zwischen den Olivenbäumen fühlt man sich in eine zeitlich verinnerlichte Dimension versetzt, die Raum und Licht gewährt; im Habitat der Rebe hingegen inmitten eines augenfüllenden Festes von Büschen, Blättern und prallen Trauben, das berauscht.

Ein weiterer, mit Vielen geteilter Eindruck ist, dass es im Chianti keine Bauern gibt: Man sieht sie nicht, vermutlich aufgrund der Wechselfolge von Tälern und Hügeln; in einem entfernten Feld fährt jemand einen Traktor – ein Schnappschuss, kleine Menschenfiguren, die sogleich aus dem Blickfeld verschwinden. Doch sie sind präsent, leisten harte Arbeit und wenn die Sangiovese-Trauben während der Lesezeit ihrer Metamorphose in Chianti-Wein entgegensehen, sieht man sie langsam durch die Rebzeilen ziehen – die Alten, die Söhne, Enkel, Verwandten sowie eine Schar von jungen Leuten, die aus den Dörfern und Städten herbeiströmen, um mitzuhelfen, um Nützliches dazuzulernen, vor allem aber, um an einem fröhlichen Ritual teilzunehmen, das seit dem Welturspung zelebriert wird. Knapp zwei Monate später wiederholt sich das Ritual – alle die bei der Lese mitgeholfen hatten, finden sich auch zur Olivenernte ein. Eine große Zeltplane wird um jeden Ölbaum ausgelegt, man steigt auf die Äste, pflückt die Früchte, die, eingesammelt und

Ursprung eines Namens…

zum Trinken

Einige vertreten die These, der Namen Chianti stamme von dem einer namhaften Etruskerfamilie, nach Anderen hingegen vom lateinischen Verbalausdruck clango *für 'Trompetenklang'*

kalt gepresst, das gesündeste, würzigste und prächtigste aller natürlichen Öle ergeben.

Jeder von uns hat seine eigene Idee über das Land. Einige träumen von dichten Wäldern, von Bächen durchflossen, an denen die Tiere ihren Durst stillen und sich beim leisesten Geräusch im Dickicht verbergen; andere haben Vorstellungen von weiträumigeren Perspektiven, mit ausgedehnten Feldern, die sich bis zu den Hügeln erstrecken und mit dem Horizont verschmelzen; jene, welchen die rhetorisch gefärbte Sanftheit einer friedlichen und geordneten Kulturlandschaft suspekt scheint, mögen das näher gegen Siena liegende Chiantigebiet vorziehen, das Details von strengen, kahlen Hügelketten oder Fragmente einer 'minimalistischen' Landschaft darbietet, die sich in fast jeder grünen Bemantelung bare Hänge wandelt, denen die gewinnende Eleganz eines einsamen Bauernhauses mit unregelmäßigen Zypressenreihen Akzente setzen. Doch fehlt es nicht an jenen, die das ländliche Milieu einer exklusiv humanen Dimension zuordnen – mit Weinbergen, Olivenhainen, Gemüse- und Obstgärten, den Profilen von Trockenmauern und geschotterten Sträßchen, die auf die Aktivität der Menschen hinweisen, die die nahen Höfen und Dörfer bevölkern, wo Geistliche die antiken Pforten der zahlreichen romanischen Pfarrkirchen aufschließen, die mit ihren unkomplizierten, linearen Silhouetten die Idee eines unmittelbar zugänglicheren Gottes übermitteln. Kurz, jedermann kann im Chianti seinen individuellen *buen retiro* finden, weil sich dieser Erdflecken dank seiner Vielfältigkeit und Kreativität, die keine Langeweile aufkommen lässt, mit einer enormen Bandbreite von Ausdrucksformen darzustellen vermag.

Der große französische Historiker Fernand Braudel bezeichnete die Chianti Classico-Zone als "das bewegendste aller ländlichen Gefilde". Inspiriert von diesem Lyrismus beginnen wir die Reise mit der Idee, ein bis zum Exzess zelebriertes Milieu zu erforschen und uns – eventuell – auch ein Gefühl von Rührung zu gestatten.

Land zwischen zwei antiken Städten

Ein Chianti ohne Rebberge und Olivenhaine, ohne seine Schlösser, Pfarrkirchen, Bauernhäuser und, vor allem, ohne seine Menschen. Es bedarf großer Anstrengung, um sich diesen Landstrich vor viertausend Jahren vorzustellen, ohne jeglichen seiner Jahrhunderte alten Bezugspunkte. Weit bevor sich hier die ersten Etrusker niederließen, lebten auf diesem Boden lange Zeit Menschen, die sich in Tierfelle kleideten, über primitive Waffen aus Stein und Bronze verfügten und sich von der Jagd ernährten; kleine, halbnomadische Volksstämme, die, zwischen Mittel- und Norditalien verbreitet, von den Archäologen unter dem suggestiven, wenngleich etwas mysteriösen Appellativ "Rinaldone-Kultur" erfasst wurden, ähnlich wie man in der Kunstgeschichte Werke klassifiziert, die stilistisch einer einzigen, doch anonym gebliebenen Künstlerpersönlichkeit zuzuschreiben sind. Doch lassen wir diese allzu fernen Vorfahren hinter uns und kehren zu einem besser dokumentierten Zeitabschnitt zurück, zu den Etruskern, die im Chianti wesentliche Spuren ihrer langen und stabilen Präsenz hinterlassen haben. Bedeutende Funde sind in der archäologischen Sammlung in Castellina in Chianti ausgestellt und man kann kleine Nekropolen besichtigen. Man bemerkt derzeit ein allgemeines großes Interesse für die Archäologie. Schließlich beweisen auch zahlreiche etruskisch-lateinische Toponyme, dass im Chianti seit mindestens 2.500 Jahren Menschen wohnten. Die etruskische Kulturepoche wurde von der römischen abgelöst, die mit einem weit verzweigten und 'modernen' Straßennetz das Chianti-Gebiet erblühen ließ.

In späteren Jahrhunderten entvölkerte sich das Territorium und blieb lange im Hintergrund. Während der Feudalzeit führte der langsame, doch stetige Bevölkerungszuwachs und die Wiederaufnahme des Handelsaustausches (durch die Nähe der von Rom nach Frankreich führenden *Via Francigena* begünstigt) zu einer neuen Blüte dieses Landes, das immer wieder zum Schauplatz blutiger Kämpfe zwischen Arezzo und Siena und, wenig danach, zwischen Siena und dem zunehmend arroganten Florenz wurde, das ab dem XII. Jahrhundert seine Expansionsbestrebungen auf die Toskana erstreckte.

In dieser Zeit verändert sich das Chianti-Gebiet mit der gradweisen Entwicklung jener architektonischen Merkmale, die es in den folgenden Jahrhundert charakterisieren werden, da die beiden stolzen Rivalen unentwegt um die Vormacht kämpfen, bis Siena endgültig der Jurisdiktion der Medici unterworfen wird. Kurz, das Chianti war ein Schlachtfeld und das Landvolk machte schwere Zeiten durch, die den Aufschwung der Landwirtschaft verhinderten. Erst nach dem Ende der unendlichen Fehden wird das Gebiet eine systematische Evolution im landwirtschaften und weinbaulichen Bereich kennen lernen.

Vasari malt die Chianti-Zone

Die grandiose Darstellung eines Thriumphs und einer Glorie. Beide huldigen und preisen die Figur von Cosimo I. de' Medici, der mit der Kraft der Waffen und strategischen Listen alle Rivalen besiegte und sich an die Spitze einer Macht brachte, die seinem Haus lange erhalten blieb. Eine Apotheose der zahlreichen ruhmreichen Siege, die der Nachwelt überliefert werden sollte. So beauftragte Cosimo seinen Hofmaler, Giorgio Vasari - der zweifelsohne sein Bestes als Architekt und Kunsthistoriker leistete – die siegerischen Gesten der Florentiner Truppen auf Decke und Wänden des Prunksaals *dei Cinquecento* im florentinischen Palazzo Vecchio (oder Palazzo della Signoria) zu verewigen. Zwischen Reitern, blitzenden Waffen, von Anstrengungen, Leid und Schmerz gezeichneten Gesichtern, findet man die 'Clante-Allegorie', eine eindrucksvolle Komposition, die alle Sujets und Symbole dieser Region illustriert. Das Werk inspiriert sich erkennbar an den Kartonvorlagen für die Schlachten von Anghiari und Casciana, die Leonardo und Michelangelo Jahre vorher in einem anderen Teil des Palazzo hinterlassen hatten. Im Vordergrund perspektivisch dominant die Figur eines in Gedanken versunkenen, alten Bacchus; unmittelbar dahinter reckt ein junger Waffenträger den Schild mit dem Symbol der antiken Chianti-Liga empor: Aus zwei kostbaren Vasen ergießen sich die Gewässer der das Territorium durchströmenden Flüsse Elsa und Pesa; im Hintergrund erheben sich, im Schein eines an die Flammen während der Schlacht erinnernden Flackerlichts, die noblen Festungen von Castellina, Radda und Brolio, Embleme der florentinischen Macht.

DIES, O HERR, IST DER CHIANTI,
MIT DEN FLÜSSEN PESA UND ELSA,
FÜLLHÖRNER MIT FRÜCHTEN,
ZU DEREN FÜSSEN EIN BACCHUS
IN REIFEREM ALTER,
FÜR DIE EXZELLENTEN WEINE
DIESES LANDES; CASTELLINA,
UND BROLIO MALTE ICH SAMT
IHREN WAPPEN IM HINTERGRUND;
ALS EMBLEM AUF DEM SCHILD DES
JÜNGLINGS, DER CHIANTI
VERKÖRPERT, EIN SCHWARZER HAHN
AUF GELBEM FELD.

GIORGIO VASARI

HÜLLEN AUS STEIN

KIRCHEN, HERRENSITZE UND BAUERNHÄUSER

Pfarrkirche
San Donato in Poggio

PFARRKIRCHEN,
GUTSVILLEN, BAUERNHÄUSER

er Stein, aus dem im Chianti nicht nur im Mittelalter, sondern auch in den folgenden Jahrhunderten Schlösser errichtet, Bauernhäuser, Pfarrkirchen und die bedeutendsten Klosterkomplexe erbaut wurden, nennt sich Alberese, ein Kalkstein, sicher nicht das einzige Baumaterial, doch zweifellos das emblematischeste für das architektonische Erbgut dieses Gebiets.

Alberese weist einen ausgeprägten Gehalt von Kalzit auf, wie seine feinkörnige und brüchige Beschaffenheit und die weißliche Farbe erkennen lässt, oft durch dunkle Äderungen belebt, die von Elfenbeinweiß bis hin zu einem eisernen Grau variieren. Mit dieser Materie nimmt das mittelalterliche Baugefüge Gestalt an: Die Spitz- und Rundbogen der ersten romanischen Pfarrkirchen (*pievi*), die vom hellen Alberese gemäßigte trutzige Wucht der Befestigungsanlagen und dieselbe milde Helligkeit, die die Wohnhäuser des Landvolks umspielt.

Danach drangen aus Florenz die ersten stimulierenden Elemente der Renaissance vor, die in den Herrensitzen zum Ausdruck kamen, meist heiteren, verputzten Landvillen mit Fenster- und Türrahmungen aus Sandstein – Gestaltungsformen, die zum einen dem Landschaftsbild variable Farbakzente verliehen, zum anderen jedoch eine übermäßig 'städtische' Komponente in das bislang ausschließlich von Sichtstein geprägte Territorium einfügte: Langsam gewann der Charakter der Florentiner Architektur überhand, obwohl viele Gebäude aus derselben Zeit ihre rustikalen Steinfassaden bewahrt haben.

Karthäuse in Pontignano

Pfarrkirchen in reinem romanischem Stil
Mehr noch als die schönen Bauernhäuser und die mittelalterlichen Befestigungsanlagen repräsentieren die romanischen Pfarrkirchen eine Konstante für das gesamte Chianti-Territorium und, wenngleich durch Dimensionen und nicht selten auch formenmäßig variabel, ein kostbares Dokument über die toskanische Architektur der Romanik. Ob Abteien, *pievi* oder Votivkirchlein – alle können als Chronik einer vielköpfigen, organisierten Landgemeinschaft gewertet werden. Die Via Francigena, antike Verbindungsstraße zwischen Rom und den Ländern jenseits der Alpen, brachte Pilger, Reisende, Händler und klingende Münze. Aber auch Ideen. Vermutlich ist dies das Hauptmotiv - außer der geballten Präsenz der "von äußerster Schlichtheit geprägten" Pfarrkirchen der toskanischen Romanik – für die geringe Zahl der Gebäude, die Einflüsse des lombardisch-ravennatischen Stils erkennen lassen, als deren signifikantesten Beispiele die Pfarrkirchen San Pietro in Bossolo im Umfeld von Tavarnelle, und Sant'Appiano in der Nähe von Barberino Val d'Elsa zu nennen sind. Beide wurden ursprünglich als "oktagonales Baptisterium mit Blindbögen im Kircheninneren nach der Tradition der Taufkirchen in Ravenna" geplant.
Paradigmatisch für die romanische Stilsprache der Toskana ist vermutlich die Pfarrkirche von San Donato in Poggio. Das Dach des dreischiffigen, von einfachen, schmucklosen Pilastern auf quadratischer Basis unterteilten, isoliert situierten Sakralgebäudes ruht, den im Chianti umgesetzten

Stilvorgaben entsprechend, auf Sichtbalken – eine Bauweise, deren Schlichtheit "nicht selten im Verzicht auf den äußeren Bogenschmuck der Apsiden gipfelt".

Schlösser

Man findet sie überall, haben aber weder etwas mit den Schlössern an der Loire gemeinsam, noch mit der Szenerie jener spröden Felssporne, auf denen die spitzen Türme der märchenhaften deutschen Burgen gegen den Himmel ragen oder mit den angelsächsischen Domänen, die auch dem Erwachsenen, wie das Bilderbuch der Kindheit, Erinnerungen an edle Ritter und von dunklen Schurken in unerstürmbare (wenn nicht durch Liebeslisten) Verliese eingeschlossene holde Geschöpfe wachrufen.

Die Dimensionen der Schlösser im Chianti scheinen auf Menschenmaß zugeschnitten und die im Mittelalter errichteten Festungen haben, obwohl sie ihren ursprünglich kriegerischen Charakter nicht verleugnen, einiges von ihrer Strenge abgelegt. Sie präsentieren sich als befestigte Herrensitze mit eklektischen Charakteristiken, die jedoch die Fusion zwischen der soliden Wucht eines von Zinnen gekrönten Turmes mit einer 200 Jahr später, verputzten Fassade, oder der klösterlichen Strenge eines Tonnengewölbes mit einem romantisch verspielten Garten als annehmbar empfinden lassen. – 'Bekehrte' Wehranlagen, die sich über lang der Waffen entledigten und in den Dienst eines ehrenvollen Friedens traten.

Auf diese Art haben die Chianti-Schlösser ungeachtet der Modifizierung ihrer originalen Struktur zu einem großen Teil jene architektonischen Elemente bewahrt, die den spezifischen Charakter dieser mächtigen Verteidigungsanlagen repräsentierten. Italo Moretti formulierte es bestens: "Die urbanistische Entwicklung folgt den für das Mittelalter typischen Kriterien: Die Gebäude erheben sich entlang einer Zugangsstraße, oder über eine Hügelflanke aufgefächert, mit dem wesentlichsten Bezugspunkt (Kirche, Palazzo, Turm) in dominanter Lage oder aber, den Kurven der Anhöhe folgend, konzentrisch ringförmig. In der Ebene wiegen nicht selten regelmäßigere Raumgestaltungen vor".

Das Schloss Meleto

Grünende Gärten

Es gibt auch ein Chianti der Gärten, das sich hinter den Mauern seiner Schlösser, Villen und Klöster verbirgt. Mehr oder weniger ausgedehnte Flächen, auf denen sich eine architektonische Kunstform entwickeln konnte, die in Italien seit altersher höchsten Stellenwert genießt und mit der Gestaltung von als *giardini all'italiana* bekannten, formellen Gärten sowie romantischen Parkanlagen ihren Höhepunkt erreichte. Im "*giardino all'italiana*" wird die Natur rationalistisch einer präzisen geometrischen Form oder (seltener) einer komplexen Zeichensprache untergeordnet – niedrige Buchshecken bilden die Mäander von ästhetisch anspruchsvollen Labyrinthen, wobei vermutlich auch die Sehnsucht nach vergessenen Mysterien mitspielt. Der romantische Park verzichtet hingegen auf die 'kühle geometrische Ordnung' zugunsten des Charmes einer im privaten Grünen in kleinem Maßstab reproduzierten und (nur scheinbar) spontanen Flora.

Garten der Badia di Coltibuono

DIE REISE

Am Anfang standen die Etrusker

Auch ein architektonisch ungeschultes Auge erkennt unschwer die ursprünglichen konstruktiven Vorlagen der Chianti-Zone. Alles scheint im Mittelalter begonnen und sich in den folgenden Jahrhunderten weiterentwickelt zu haben. Doch viel früher schon hatten sich hier die Etrusker angesiedelt und während der langen römischen Epoche führte die stabile Bevölkerung ein intensiv aktives Leben. Aus diesem beachtlichen Zeitraum ist sehr wenig verblieben, doch vielleicht muss Vieles noch gesucht und ans Licht gebracht werden.

Wir machen Halt in Cetamura, mit Castellina vermutlich einst das größte Zentrum des etruskischen Chianti, eine bedeutende Stätte, die auch die nahen Lokalitäten Sestaccia und Campi einschließt. Einzig das Stadttor hat überlebt – es wirkt wie das Proszenium für ein Schauspiel, das nie stattfinden wird – eine steinerne Pforte vor der Freilandkulisse, einziges Überbleibsel der weitflächigen mittelalterlichen Siedlung und des Kastells: Dies Cetamura heute. Dank der kürzlich von Archäologen der Universität Florida vorgenommenen Ausgrabungen können wir jedoch die Geschichte dieser Stadt zurückverfolgen, die zu den langlebigsten des gesamten etruskischen Chianti zählt. In der bis zur Römerzeit aktiven Siedlung wurde auch ein kleines Handwerkerviertel aus dem III.-II. Jh. v. Ch. mit einer kleinen Ziegelbrennerei entdeckt, womit bestätigt wird, dass im Chianti bereits lange vor Christi Geburt Ton verarbeitet wurde. Auch lassen die derzeit in der gesamten Chianti-Zone regen archäologischen Recherchen vermuten, dass wir erst am Anfang dieser faszinierenden Entdeckungsreise in die Vergangenheit stehen. Jedenfalls beflügelt der Mangel an sichtbaren Zeugnissen die Phantasie: Allein dieser desolate, wenngleich eindrucksvolle Eingang zur unberührten *campagna* genügt, um unsere Gedanken an ein verschwundenes Volk und sein Alltagsleben zu wenden.

Die Etrusker von Castellina

Im Bezirk von Castellina in Chianti haben die Archäologen die zahlreichsten Objekte aus der Etruskerzeit ans Licht gebracht. Der Ort besitzt kein eigenes Museum, doch sind viele Grabbeigaben in der Halle der mittelalterlichen Festung ausgestellt. Zu den bedeutendsten zählen zwei schwarzfigurige attische Amphoren: Die oben abgebildete (VI. Jh. v. Ch.) stammt aus der Nekropole im nahen Fonterutoli.

Begegnung mit einer römischen Brücke
Die Straßenkarte läßt keine Zweifel zu: Ponte agli Stolli liegt außerhalb der geheiligten Grenzen des Chianti Classico und müßte demnach von unserer Route ausgeschlossen werden. Doch weshalb auf eine Ausnahme von der Regel verzichten und sich diese zu eigen machen? Damit meine ich, eine Regel zugunsten eines höheren Zwecks zu brechen. Wenn wir mit diesem Ziel die gesetzten Schranken um wenige hundert Meter überschreiten, werden wir wohl kaum die Gemüter erregen und überdies zusätzliche Information und vor allem Anreize zur Entdeckung beitragen.
Eine von dichtem Baumwuchs und Unterholz versteckte, kleine Kaskade versprüht sich emsig in einem Wasserspiegel. Darüber ist eine Brücke geschlagen, die nicht sonderlich beeindruckt, doch fast ... zweitausend Jahre zählt: Eine "Ponte agli Stolli" genannte Brücke aus der Römerzeit, eine der mannigfachen Zeugenschaften des dicht verwebten Straßennetzes im römischen Chianti. Einer verdienstvollen, vom Centro Studi Chiantigiani "Clante" publizierten Studie ist zu entnehmen, dass durch diesen Distrikt - das aktuelle Obere Arnotal (Valdarno Superiore) eine große römische Straße verlief, im späten Abschnitt des Imperiums auf Wunsch von Kaiser Hadrian erbaut, den die Geschichtsbücher als toleranten Mann schildern, der es vermochte, einem bereits stark geschwächten Reich neue Kraft zu verleihen. Diese ausgeprägt fähige Persönlichkeit wollte mit der neuen und modernen Verbindung einen Ersatz für die altersschwache Cassia-Konsularstraße schaffen, die seit geraumer Zeit als unheilbar *vetustate collapsum* galt, d. h. aufgrund übermäßiger Abnutzung in Bälde ungebrauchbar.

Überdies plante er, damit die Verkehrswege zwischen Rom und Florenz zu verbessern, da sich letztere mittlerweile zur stärksten und mächtigsten Stadt der gesamten antiken *Tuscia* entwickelt hatte.

Die Straße der Florentiner Schlösser

Der Trakt der Chiantigiana-Straße, der Strada in Chianti mit Greve verbindet, verläuft über einen Abschnitt der florentinischen Chianti-Zone, die sich dem Betrachter als eine Skansion von Ebenen und sanften Anhöhen darbietet. Auf der kurzen Strecke liegen einige antike Befestigungsanlagen, die zu den bedeutendsten des gesamten Territoriums zählen. Das Schloß Vicchiomaggio, bis zum XII. Jahrhundert vermutlich im Besitz einer langobardischen Adelsfamilie, und ursprünglich von einem weitläufigen, zinnenbewehrten Mauergürtel umgeben, wurde wie zahlreiche andere Kastelle im Verlauf der Jahrhunderte mehrmals zerstört und wieder aufgebaut. Daraus erklärt sich, dass verschiedentliche Elemente die Charakteristiken einer mittelalterlichen Burg, andere wiederum evidente Spuren neugotischer Rekonstruktionen aufweisen. Hier erzeugt man ausgezeichnete Chianti Classico-Weine und Liebhaber der kriegerisch-historischen Atmosphäre finden gastliche Aufnahme im gepflegten Agritourismus-Betrieb. Nur wenige hundert Meter entfernt, beeindruckt erneut ein steinerner Riese, zu dem eine Schotterstraße führt: Das Schloss Verrazzano, von großzügigen Weinbergen umrahmt, die die weinbauliche Berufung der Inhaber bezeugen, wurde im X. – XI. Jahrhundert auf einer Stelle errichtet, an der lange Zeit davor eine etruskische Siedlung existierte. Hier wurde 1485 der berühmte

Am 'Hof der Prinzen'

Villa le Corti zählt zu den suggestivsten des Chianti. Die Auffahrt ist von hundertjährigen Zypressen gesäumt. Die schönen Renaissance-Fenster im ersten Stock sind dem majestätischen Portal ebenbürtig; der Bogenrahmen trägt ein großes, auskragendes Wappen der Prinzen Corsini, seit Anno 1427 Besitzer des im XIII. Jh. errichteten Gebäudes, das sukzessive in eine wehrhafte Landvilla umgemodelt wurde, in der drei zauberhafte Apartments zur Übernachtung einladen, und wo man die vom Weingut produzierten eleganten Etiketten degustieren kann.

Das Kastell von Pier Soderini

Die Rundtürme sind das Auffallendste an diesem Kastell, zu dessen Besitzern auch Pier Soderini zählte, der als gonfaloniere *ab 1502 die Geschicke von Florenz bestimmte. Es bewahrte auch seinen wehrhaften Charakter, als es in eine Landvilla umstrukturiert wurde. Mit Hochgenuss haben wir hier das Spitzengewächs der Gutsweinpalette verkostet: Den Supertoskaner Ania, ein reinsortiger Sangiovese mit eleganten Unterholz-Nuancen im Bouquet.*

Seefahrer Giovanni da Verrazzano geboren, der Entdecker der Bai von New York, des Flusses Hudson und von Terranova. Auch in diesem Fall sind nur einige Teile des antiken Festungsbaus erhalten geblieben, das Gros des Komplexes präsentiert sich als klassischer florentinischer Herrensitz, dessen Umbau im 17. Jahrhundert begann und zu späterer Zeit abgeschlossen wurde. Auch hier findet man ausgezeichnete Weine und elegante Unterkunft.

Auf der Weiterfahrt nach Greve empfiehlt sich der Halt in Villa Calcinaia, einem der faszinierendsten Gebäude im Chianti, Musterbeispiel der Baukunst des 16. Jahrhunderts auf dem florentinischen Land. Die Villa präsentiert sich mit einer schlichtlinigen und schnörkellosen langen, niedrigen Fassade; vor dem Eingang öffnet sich eine schöne Gartenanlage klassischer italienischer Prägung. Sie steht seit 1524 im Besitz der Grafen Capponi, die dem Vorgängerbau seine jetzige Gestalt gaben und die Gütereien bis heute aktiv bewirtschaften und vor allem Weinbau betreiben, der in jüngster Zeit dank akkurater Traubenselektion neue Impulse erfahren hat. Ein Tropfen für anspruchsvolle Kenner ist die Riserva Villa Calcinaia.

Bevor wir in Greve eintreffen, lockt uns ein Straßenschild zum Schloß Uzzano: Ein solider Mauerring, der an den ursprünglichen Wehrkomplex erinnert, umgürtet eine elegante Villa des *Cinquecento,* deren Fassade von den Säulen einer aristokratischen Loggia aufgelockert wird. Besondere Beachtung verdient der große Garten *all'italiana*, der sich hinter der Rückfassade ausdehnt. Einige antike kleine Gebäude, die auf den schönen Hof blicken, sind dem Agritourismus gewidmet.

Die Spuren der Benediktiner

Aus der Entfernung wähnt man eine Burg zu sehen. Nichts läßt vermuten, dass innerhalb dieser imposanten, abweisenden Mauern seit vielen Jahrhunderten eine intensive religiöse Aktivität gepflegt wird. Die Abtei wurde von den Benediktinermönchen auf den Resten eines langobardischen Forts im Jahr 890 erbaut, als noch immer jene geistige Aufruhr wach war, die Benedikt von Nursia 530 in Auflehnung gegen die Dekadenz der römischen Kirche zur Verfassung der Benediktregel bewogen hatte, womit er zum Begründer des abendländischen Mönchtums wurde. Viele heilige Männer erstrebten die Rückkehr zur ursprünglichen Botschaft Christi. So auch der hl. Giovanni Gualberto, der die sogenannte Vallombrosaner-Reform schuf, die auch von den Mönchen in Badia a Passignano übernommen wurde, wo der Heilige seine letzten Jahre verbrachte und 1073 starb. Jahrhundertelang war die Abtei ein wesentlicher religiöser Bezugspunkt für die florentinischen Landbezirke; das dem Erzengel Michael geweihte Kloster, dem wir heute einen Besuch abstatten, wurde zwischen dem 13. und 15. Jh. mehrmals umgebaut und im späten 19. Jahrhundert radikalen Eingriffen in neugotischem

Stil unterzogen. Am besten läßt man sich nicht von den grandiosen Strukturen ablenken, die im Ensemble die Abtei bilden, und konzentriert sich auf die von groben Restaurierungen und Entfremdungen verschonte Blasius-Kirche, die ihre ursprüngliche Charakteristiken einer romanischen Basilika samt Krypta mit Kreuzgewölbe bewahrt hat.

Nach einem Blick auf die Fassade, ein Musterbeispiel der von schlichter Reinheit geprägten Formensprache des *Duecento*, betreten wir die Kirche, wo wir eine reichhaltige Sammlung von Renaissancegemälden berühmter Künstler wie Michele di Ridolfo del Ghirlandaio, einer der eklektischen Protagonisten des frühen toskanischen Manierismus, sowie den Meistern Il Passignano, Giovanni Maria Butteri und Alessandro Vignamaggio bewundern, die Episoden aus dem Leben des hl. Blasius und des Gründerheiligen darstellen.

DAS 'ABENDMAHL' VON GHIRLANDAIO

Im Refektorium der Badia a Passignano kreierte Domenico Ghirlandaio, damals noch nicht dreißig, zwischen 1476 und 1477 ein großes Abendmahl-Fresko, das ihm weitere Aufträge zu demselben Sujet für bedeutende Kirchen in Florenz – vor allem die Ognissanti-Kirche - und auf dem Land einbrachte. Obwohl im Vergleich zu späteren Meisterwerken noch von einer gewissen akademischen Statizität beeinflusst, ist der Individualstil Ghirlandaios durch die ungewöhnlich ausdrucksvollen Antlitze der Apostel neben der Christusfigur unverkennbar: Es sind bereits naturgetreue Porträts. Diese antirhetorische, undramatische künstlerische Ader ist zugleich die Stärke und das Limit dieses zuweilen von der Kunstgeschichte zu Unrecht unterschätzten Protagonisten der florentinischen Renaissance.

HÄUSER IM CHIANTI

Bauernhäuser

Man möchte glauben, dass den Toskanern genotypisch ein besonderer Sinn für Maß und Ordnung zu eigen ist, jene besondere Sensibilität für ausgewogene Proportionen (nicht von ungefähr hat sich das exzentrisch verschwenderische Barock hier nicht sonderlich verbreitet), die im Bestreben gipfelte, jedem einzelnen der mit großer Bravour und Erfindungsgabe gefertigten Manufakte ästhetische Anmut zu verleihen. Ein Talent, oder einfach Ausdruck einer natürlichen Lebensauffassung, die auch die einfachen Bauern teilten, die keine andere Kultur als die landwirtschaftliche kannten. Noch bemerkenswerter scheint uns, dass dieses Landvolk, das sein ganzes Leben lang auf derselben Scholle verbrachte und keine Kenntnise über 'das Schöne' sammeln konnte, bei einem Hausbau mühelos die praktischen und funktionellen Ansprüche (mit der Küche als symbolischer Fokalpunkt, um den adäquat die restlichen Räume aufgeteilt wurden) mit einem rustikalen, doch sicheren Instinkt für Proportion und schlichte Formen zu verbinden wussten. Mehr als von bescheidenen und soliden Häusern für bescheidene und solide Menschen muss man von einfachen Residenzen mit ausgeprägtem Geschmack sprechen.

Bauernhaus à la chiantigiana

"Anders als man anfänglich denken würde, leben keine Bauern in den Bauernhäusern, in denen vielmehr Angehörige des minderen Adels oder Kleinbesitzer residieren. Oftmals entsteht die *casa colonica* auf den Ruinen des verlassenen Schlosses; der Turm dient als Taubenschlag und das Wohnhaus wird um diesen konstruiert. Erst mit der Renaissance und den verbesserten Lebensbedingungen sowohl für das Herren- wie für das Landvolk, nimmt das Bauernhaus die Charakteristiken eines Wohngebäudes für *mezzadri*, die Halbpächter an, die uns heute geläufig sind, während sich die Herrschaften eigene Villen für den Aufenthalt auf dem Land bauen lassen."

"Die typische *colonica* hat die Form eines Würfels oder Parallelepipedons und zeichnet sich (ab dem XII. Jh.) durch eine geräumige Loggia mit einem, zwei oder auch mehr breit ausladenden Bogen aus, die es ermöglichen, unter Dach geschützt das letzte Tageslicht zur Arbeit auszunützen (...). Schwung verleiht auch der für den Chianti und das Arnotal charakteristische hohe Turm-Taubenschlag (...), meist mit einem ein- oder zweibogigen Fenster entweder in der Mitte, an einer Seite des Gebäudes, oder fallweise mit einem Doppelgänger an den beiden Enden des Bauernhauses"

Enrico Bosi

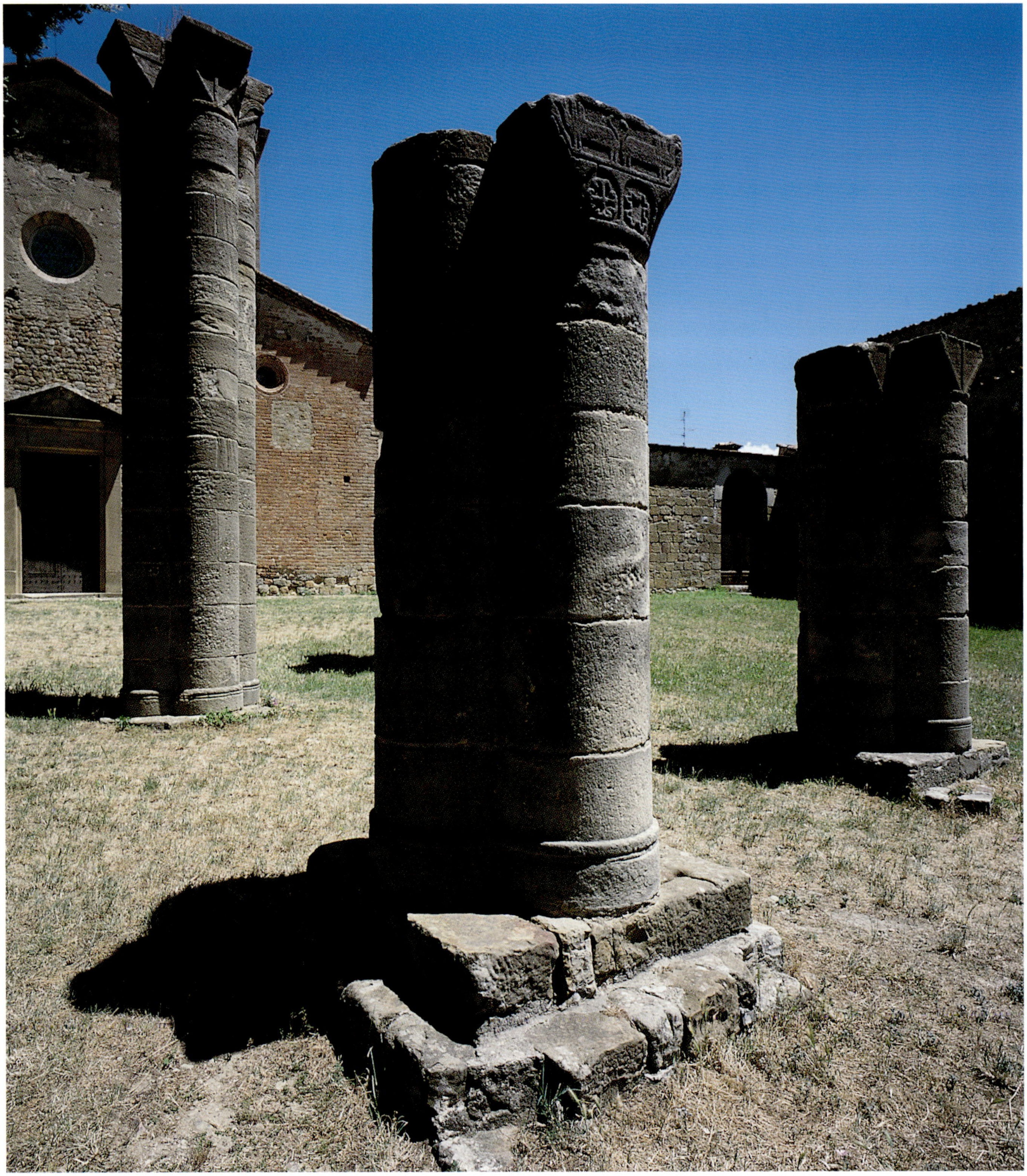

Zweibogen-Schmuck

Die dem bekanntesten Evangelisierer der florentinischen Campagna gewidmete Pfarrkirche San Cresci ist ein kleines Juwel der Romanik. Trotz der vielen, nicht immer glücklichen Eingriffe bewahrt die Fassade einen Narthex mit zwei anmutigen zweibogigen Fenstern, die sich durch den Farbkontrast zwischen dem Weiß des Alberese-Steins und dem roten Cotto abheben.

Imaginäres Baptisterium

Sie strahlt weder Grandiosität noch ausgeprägte Spiritualität aus, vielmehr einen emotionellen Reiz, eine mysteriös gefärbte Atmosphäre. Die auf den Ruinen eines römischen Vorgängerbaus errichtete romanische Pfarrkirche Sant'Appiano fesselt das Auge nicht durch eine partikuläre Seduktion, obwohl das von rustikalen Cotto-Kolonnen untergliederte dreischiffige Innere seine ursprünglichen Charakteristiken zu einem Großteil bewahrt hat. Den Glanzpunkt bilden die solitären, vom Zahn der Zeit erodierten Rundsäulen auf dem Rasen vor der Kirche – die einzigen Reste einer Basilika aus dem V.-VIII. Jh., stumme Zeugen des Einflusses ravennatischer Romanik im Chianti.

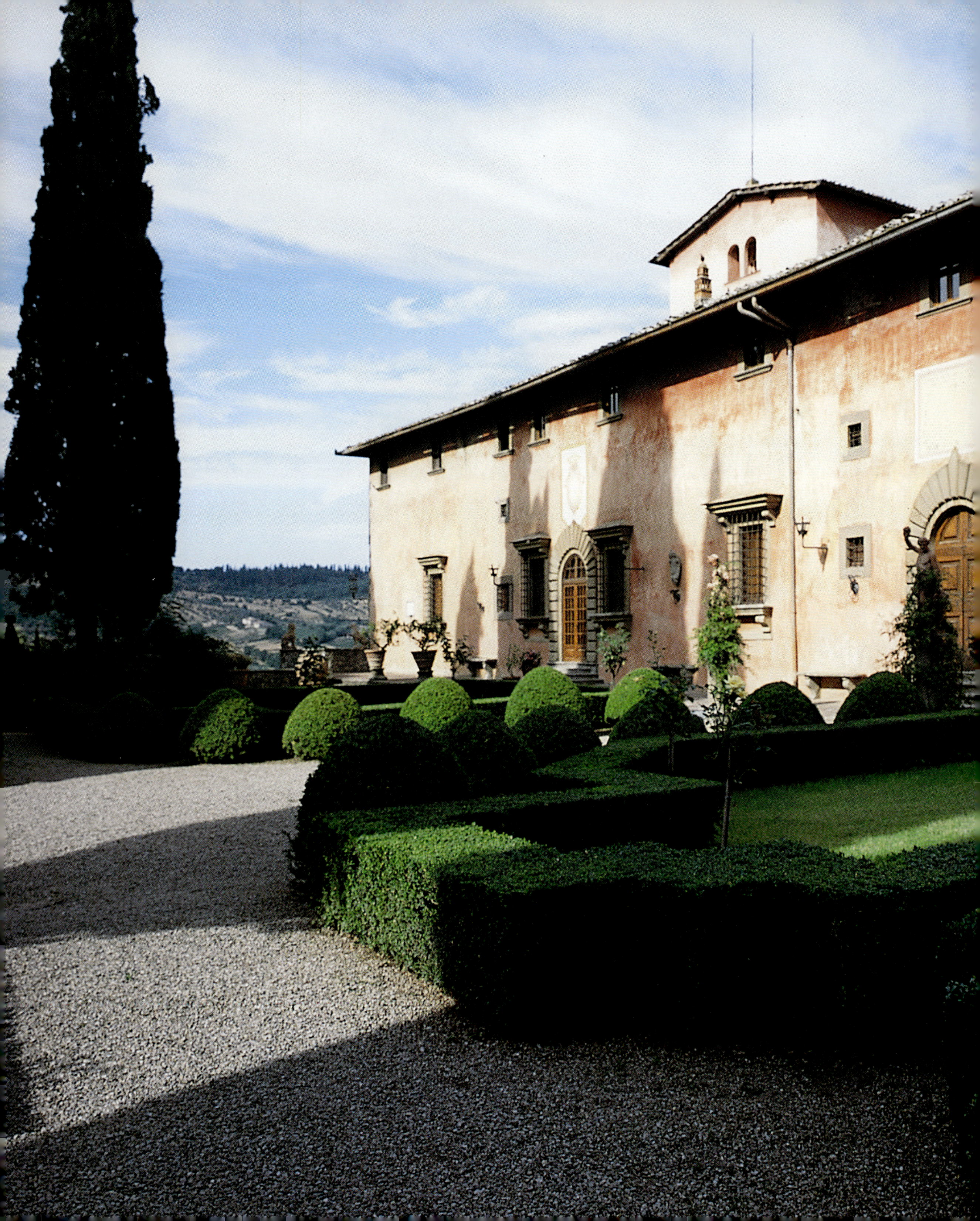

Das Haus der Mona Lisa

"Sieh da, ich bin ein Landmann: Und willst Du wissen, in welchem Winkel der Erde, unter welchem Himmel ich mich so glücklich fühle? Dieses Paradies nennt sich Vignamaggio, nach den Weingärten des Bacchus und dem blühendsten Monat des Jahres. Auf allen Seiten von prächtigen Rebgärten umschlungen, hat der frühlingshafte *genius loci* wahrhaftig diesen Namen verdient..." Dies schrieb 1659 ein gewisser Valerio Chimentelli in einem Brief an Alessandro Strozzi. Die Selbstbezeichnung als Landmann, *campagnolo*, bezeichnet einen Stolz und den bewußten Genuss eines Privilegs, der sich in einem Gefühl der Seligkeit ausdrückt, dessen Höhepunkt - der nur jenen zuteil wird, scheint Chimentelli unterstreichen zu wollen, die die Gunst der Natur und des Landes auszuschöpfen wissen – gerade hier, in Vignamaggio erreicht wird. In dieser Gutsvilla war zwei Jahrhunderte vorher, vermutlich 1479, ein Mädchen geboren worden, dessen Abbild weltweit unsterblichen Ruhm erlangen sollte: Mona Lisa, auch La Gioconda genannt.

Es scheint, dass der irdische Weg dieses mythischen Geschöpfs ohne besondere Höhenflüge verlief. Sie lebte zwischen Florenz und ihrem Geburtshaus im Chianti bis zu ihrem Tod, 1533, sicher ohne zu ahnen, dass ihr Porträt, das sie sich in jungem Alter vom Maestro Leonardo anfertigen ließ, dazu bestimmt war, sich dem Kollektivbewußtsein der folgenden Generationen einzuprägen. Und wer kann wissen, ob ihr diese fragevollen Augen, das berühmte, undefinierbare feine Lächeln wirklich zu eigen waren?

Von ihrer besten Seite zeigt sich die Villa, eines der gelungendsten Beispiele der Florentiner Renaissance im Chianti, heute in der Rückfassade, mit dem für die toskanische Campagna typisch in Rosarot gehaltenen Verputz. Von hier aus schweift der Blick auf einen weitläufigen Garten-Park von großem Charme, den der vorletzte Besitzer, der Schriftsteller Bino Sanminiatelli, nach den Kriterien der antiken gartenbaulichen Tradition "all'italiana" planen und realisieren ließ.

Degustation in Vignamaggio

Vignamaggio ist auch ein renommiertes Weingut und produziert feine Gewächse, eine Grappa von samtiger Weichheit, sowie ein natives Olivenöl extra, das die für Öle aus dem Chianti charakteristische, lebhafte Aromatizität lange intakt bewahrt. Von den verkosteten Weinen schien uns der Vignamaggio Castello di Monnalisa ein wahrhaftiges önologisches Meisterwerk: Ausgeprägt körperhaft und intensiv, mit gut eingebundenen Tanninen: ein Unikum, da er ausschließlich in den besten Jahrgängen erzeugt wird.

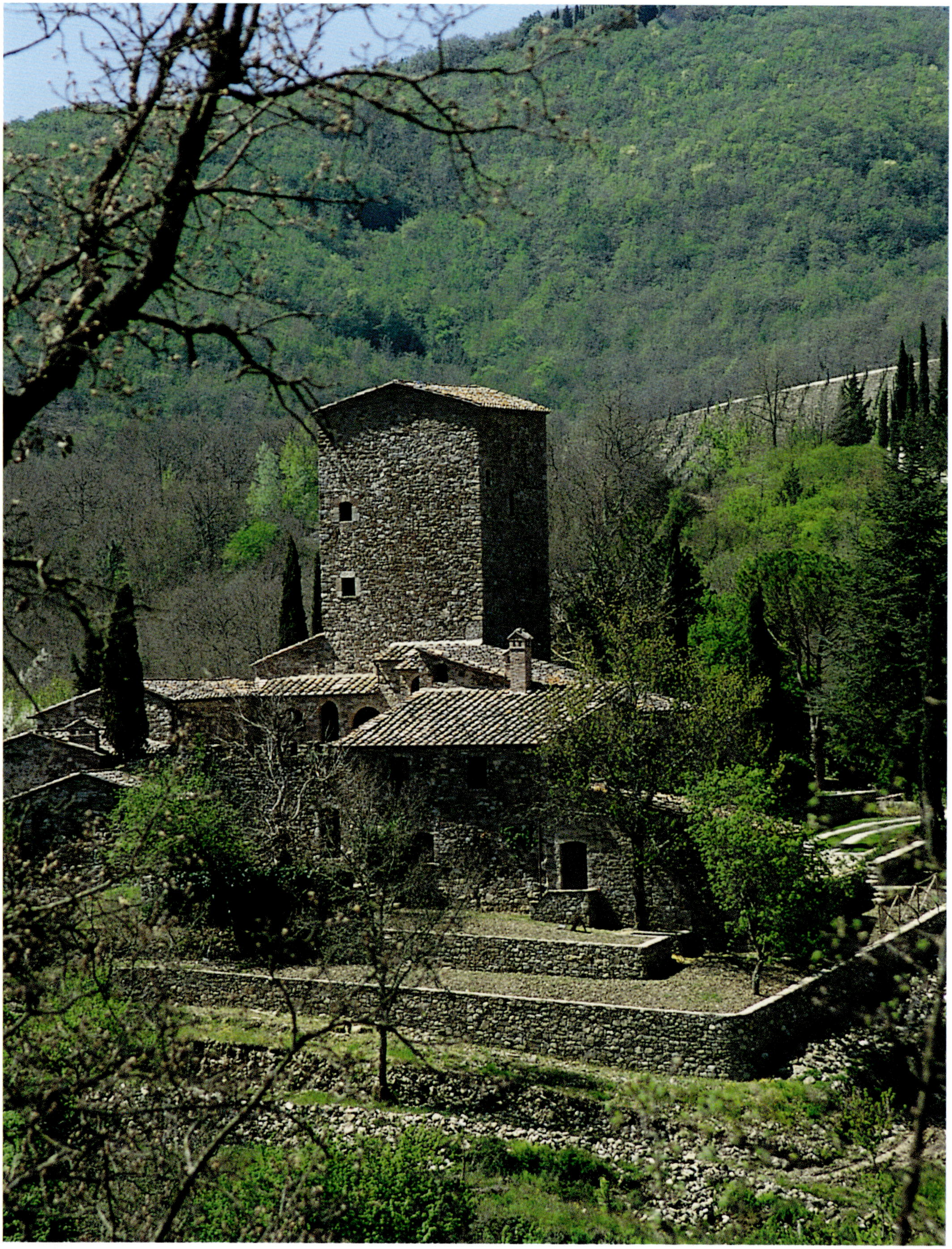

Leuchtturm in einem grünen Meer

Der Hauptturm des Schlosses Grignano und die umgebenden Gebäude sind die einzigen Überbleibsel des gleichnamigen, bereits im XI. Jahrhundert dokumentierten Kastells. Im Territorium findet man zahlreiche ähnliche Beispiele bewehrter Komplexe, die im Wandel der Zeit einen Großteil ihrer Originalstruktur eingebüßt haben.

Pure lombardische Romanik

An der Straße, di zum Weiler Volpaia geleitet, begegnet man der Pfarrkirche Santa Maria Novella, einst für ein ausgedehntes Territorium zuständig. Leider wurde ein großer Teil der originalen romanischen Struktur durch tiefgreifende Eingriffe im späten 19. Jahrhundert verschandelt. Intakt blieb der Grundriss einer dreischiffigen Basilika mit abwechselnd auf Kolonnen und viereckigen Pilastern basierenden Abtrennungen; die zoomorphen Kapitelle verweisen auf die Bauplastik der lombardischen Romanik.

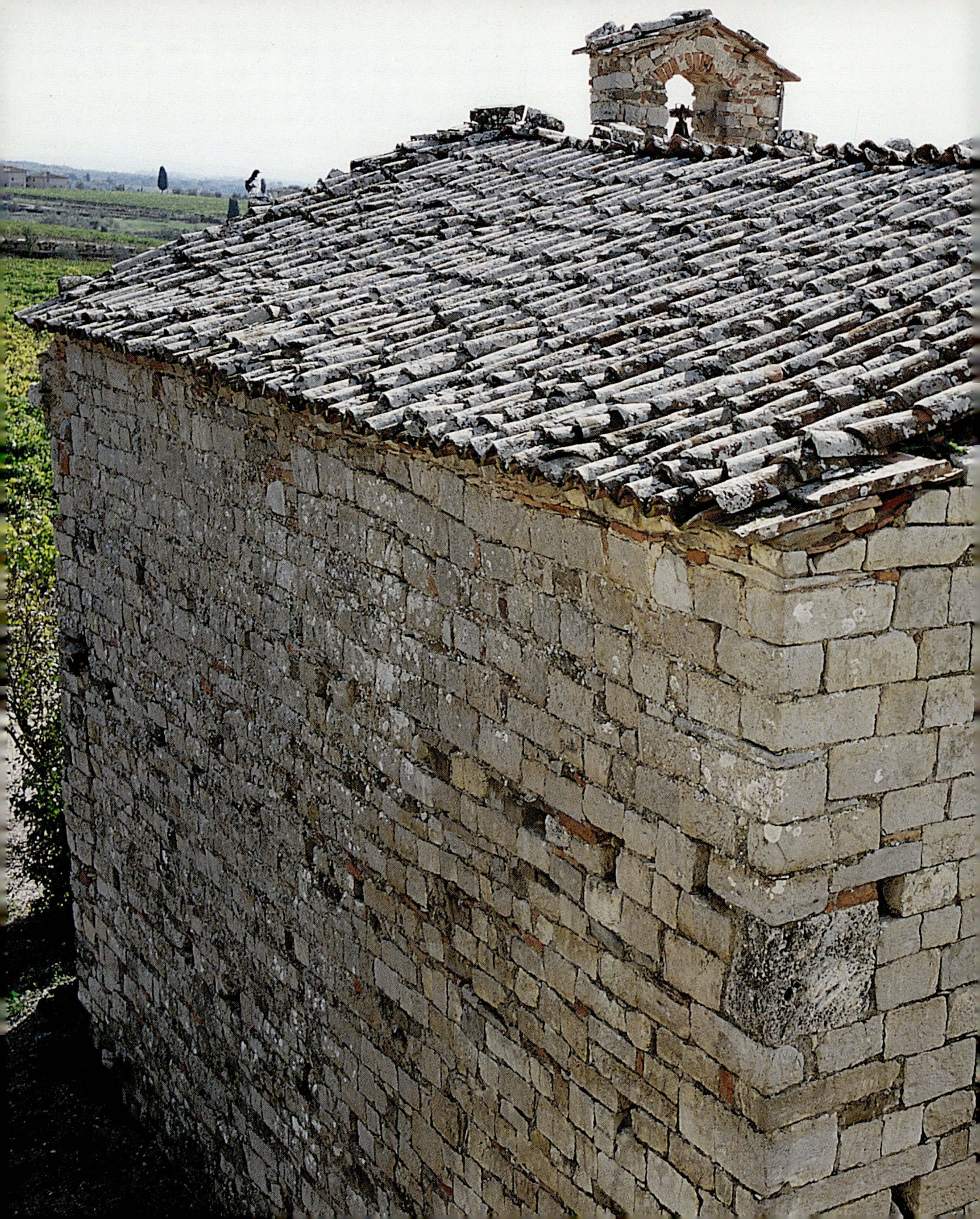

Einfach wie eine Hütte

Die Stirnfront der schlichten, mit einer Apsis versehenen Aula läßt an eine normale mittelalterliche Behausung denken - die Pfarrkirche San Marcellino erscheint wie das Haus eines Bauern, ist aber in Wirklichkeit eine gelungene Rekonstruktion des 19. Jahrhunderts mit der Wiederverwendung von Materialien des Vorgängerbaus.

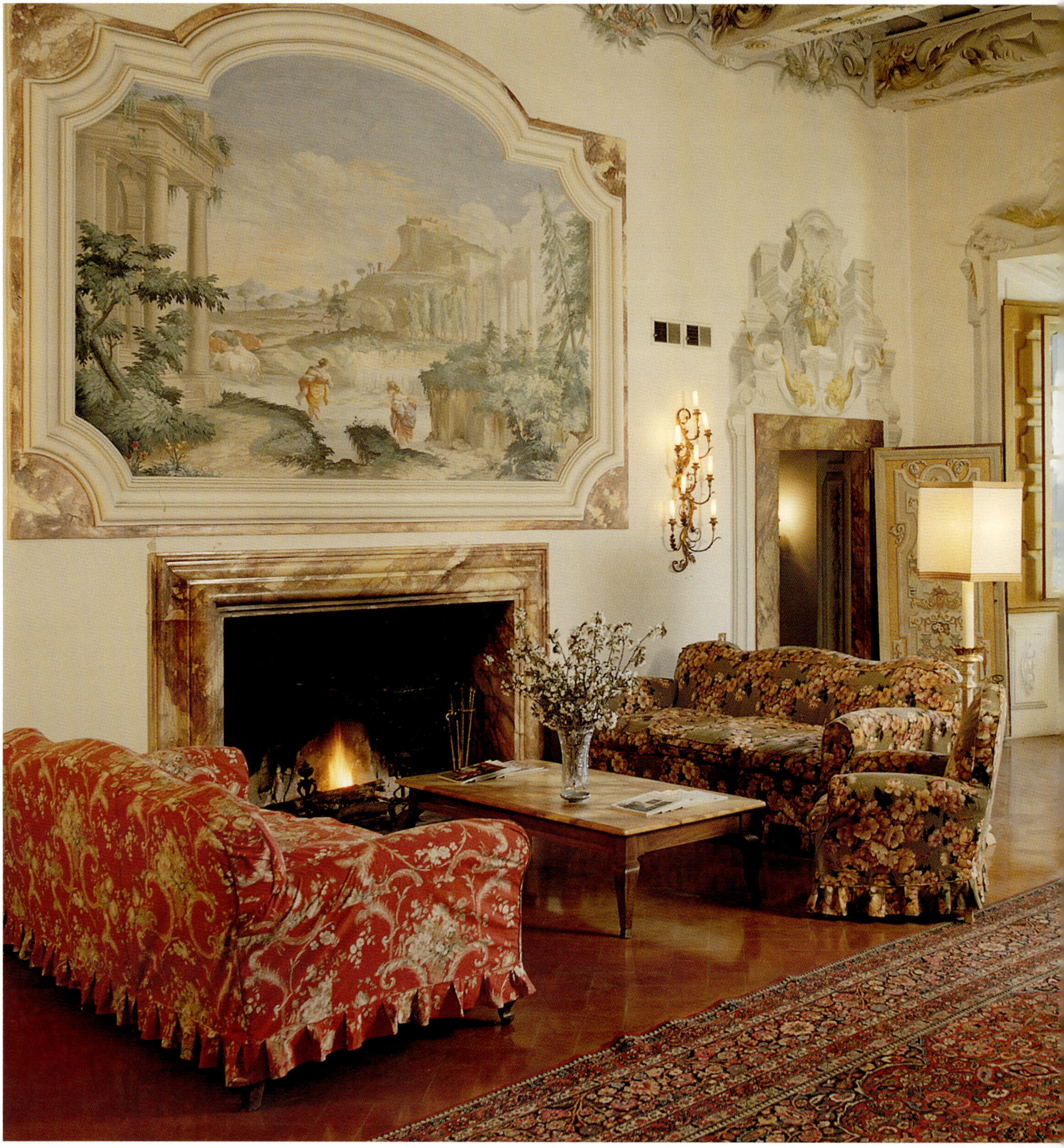

Spielzeug aus Stein

Meleto fasziniert und fesselt. Andere Schlösser, beispielsweise Brolio und Cacchiano, beeindrucken durch ihre präpotenten und mächtigen Konturen, die durch ihre vertikale Wucht den Hügel zu unterdrücken und auf einen schieren Sockel zu reduzieren scheinen. Anders Meleto, das mit seinen mächtigen Ecktürmen unmittelbar auf einen zuzustürzen droht, bei der Annäherung aber diesen ersten Eindruck der Strenge durch einen terrassierten Garten mit Blick auf die Weinberge mildert - eine perfekte Szenerie für einen Film von Visconti, der nie gedreht werden wird.

Der Reiz von Meleto besteht auch darin, dass hier, im Unterschied zu anderen, ebenso beeindruckenden Befestigungsanlagen, eine ästhetische Kohärenz bewahrt wurde, wenngleich die heutige Struktur aus verschiedentlichen Eingriffen hervorgegangen ist. Mit diesem Kastell werden wir in die Zeit von Friedrich Barbarossa "Rotbart" zurückversetzt, der es dem Geschlecht der Firidolfi zuwies, die sich von da ab Firidolfi Meletesi nannten.

Die beiden zylindrischen Ecktürme (auf einem ist noch die Konsolen-Krönung mit Bögen aus Backstein zu sehen) stammen aus einer partiellen Rekonstruktion im XV. Jh., während der dazwischen geschützte und "eingeklemmte" zentrale Hauptturm im Original erhalten ist. Auch dieses florentinische Kastell, von den Sienesern wiedererobert und erneut von den Florentinern eingenommen, genoss schließlich friedliche Zeiten und wurde ab dem XVI. Jahrhundert, gradweise in einen finessenreichen herrschaftlichen Landsitz umstrukturiert, wie das im

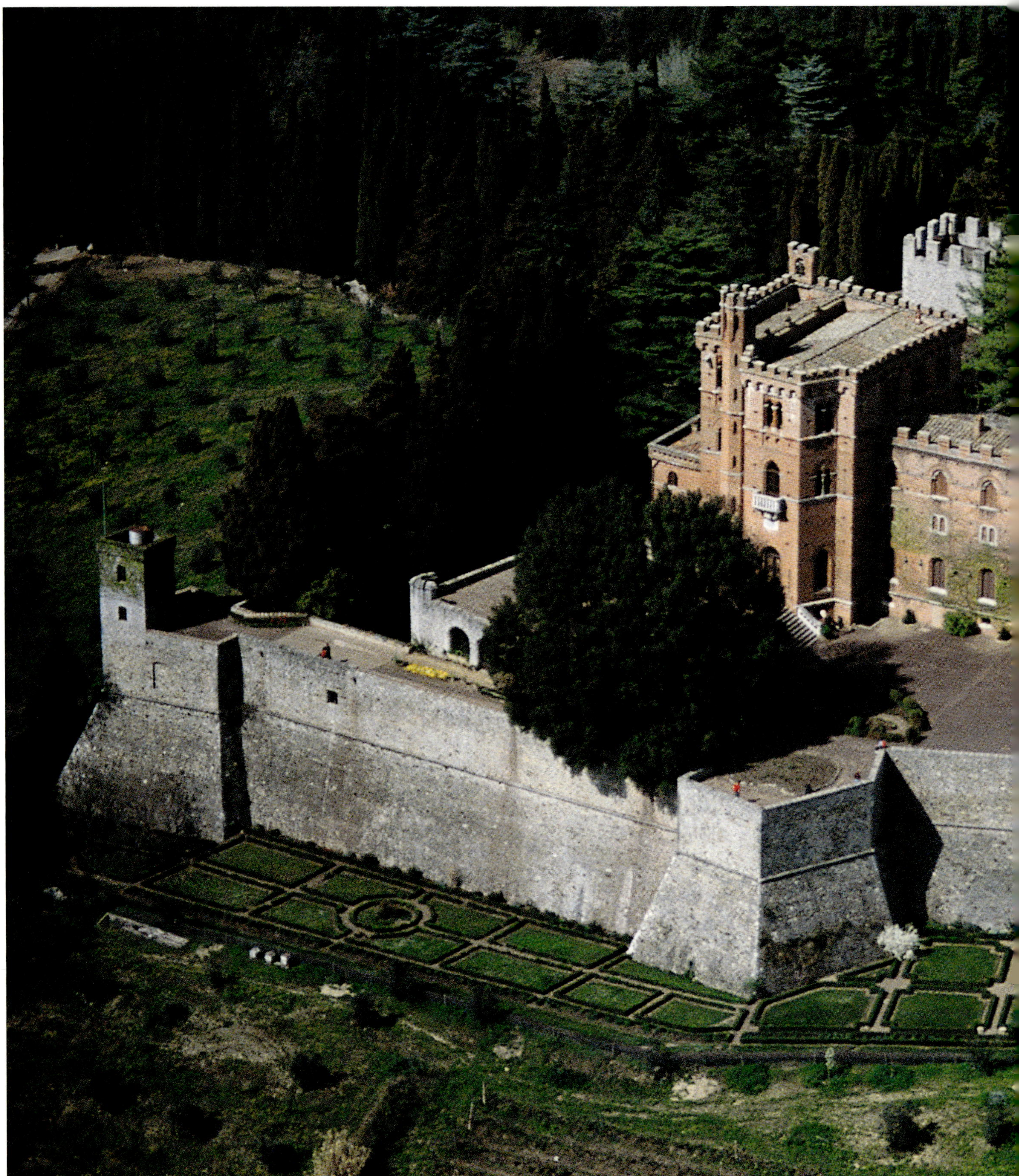

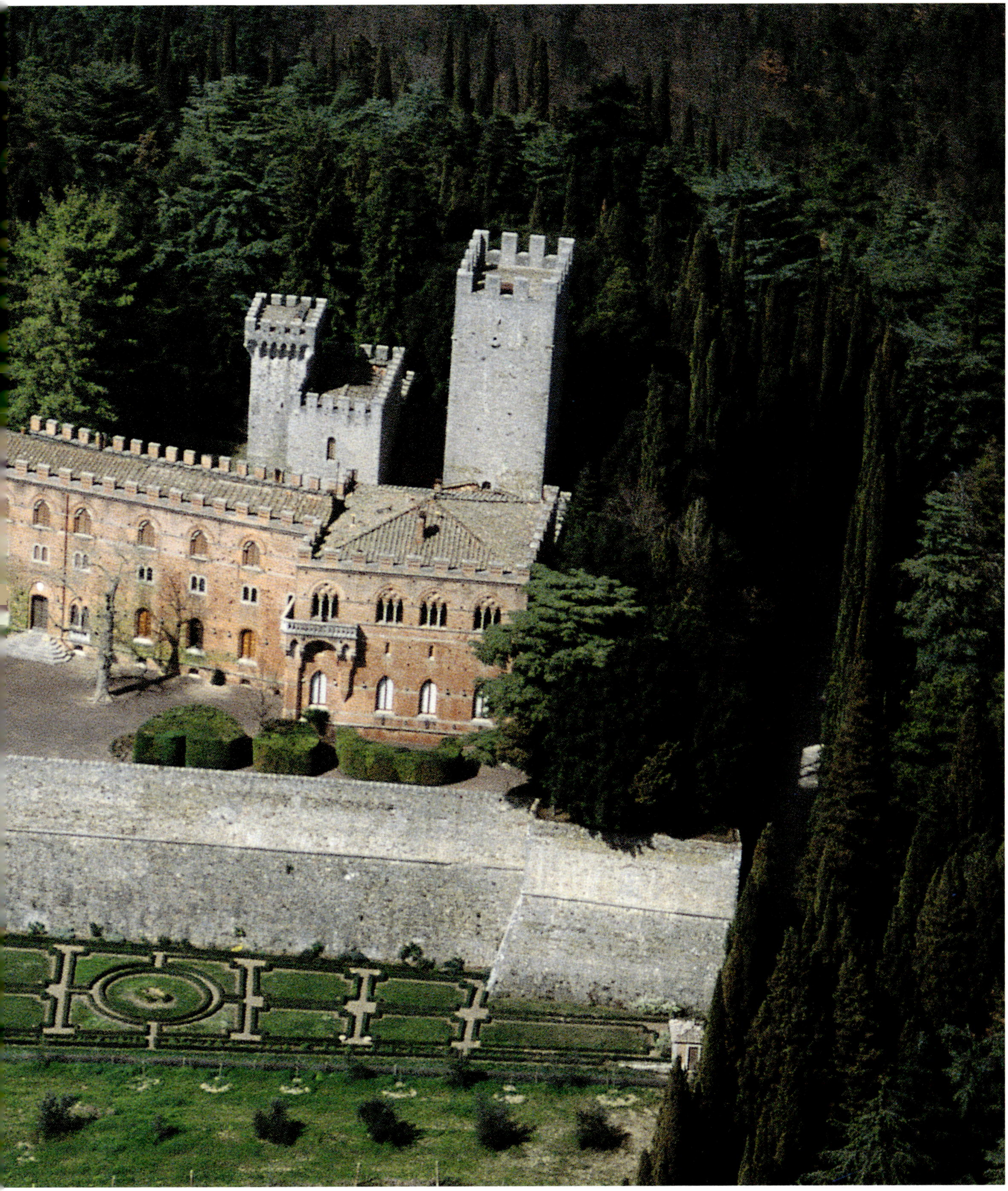

Geschmack des 17. Jahrhunderts ausgestattete Interieur mit üppigen Stukkaturen und die an den Freuden der ländlichen Idylle inspirierten Fresken bezeugen.

Brolio oder 'der Ricasoli Firidolfi'

Brolio kann als Emblem des Chianti schlechthin bezeichnet werden, das Banner einer ganzen Armee von Festungen, von denen viele ihre ursprünglichen Merkmale abgelegt haben. Dieses Eindruck gewinnt man, weil es auch aus großer Entfernung potent, solide arrogant, überdimensioniert wirkt. Näher betrachtet entdeckt man den Irrtum, denn innerhalb dieses Gemäuers, ein unregelmäßiges Fünfeck aus unverwüstlichem Stein, herrschen friedliche Aktivitäten. Doch sind es stets dieselben Mauern seit Ende des XV. Jahrhunderts, als das Kastell während einer der unzähligen Attacken jener ewig kriegerischen Zeiten, von den aragonesichen Truppen im Sold des Königreichs Neapel zerstörte wurde. Auf einem unregelmäßig pentagonalen Grundriss und von fünf Türmen verbunden, erstrecken sich die Mauern, von einem Laufgraben gesäumt, über eine Länge von fast fünfhundert Metern. Aus dieser privilegierten Sicht hebt sich eine aus jüngerer Zeit stammende, unverkennbar am sienesischen Stil inspirierte Struktur aus rotem Ziegelwerk ab.

Nach dem Vorhof im Blickfang der originale Hauptturm, in den sich die antiken Schlossherren wohl nicht selten zur äußersten Verteidigung gegen die wechselnden Feinde zurückgezogen hatten. Die Mauern entstanden im *Quattrocento*, der Hauptturm zwei Jahrhunderte davor, und das Wohngebäude wurde im 19. Jh. vollständig neu errichtet – ein eklektisches Gefüge, das dennoch nicht disharmonisch wirkt. Der sienesische Architekt hatte sich bemüht, den Neubau mit den bestehenden antiken Strukturen in Einklang zu bringen und dieser hebt sich durch seine Spezifizität sozusagen als kleine Burg innerhalb einer großen Kastellanlage ab. So präsentiert sich das kleine Schloss mit allen Details des vor zwei Jahrhunderten hochmodischen neugotischen Stils, einschließlich zwei- und dreibogiger Fenster und zinnenbewehrter Türme. Die Pforten des eindrucksvollen bewehrten Komplexes öffnen uns dieselben Ricasoli Firidolfi, die hier seit Anno 1141 ansässig sind. Auch das Interieur des Herrenhauses spiegelt zum großen Teil den Geschmack des *Ottocento* wider und wir begegnen überall Standarten, Rüstungen, Gobelins, Keramiken, Segelgewölben und, unter den Ahnenportraits, dem asketischen Antlitz des 'eisernen Barons' Bettino Ricasoli, erster Premierminister des vereinten Italiens und genialer Önologe, dem wir das 'Rezept' für den Chianti-Wein verdanken. Dann, in der Bibliothek, eine reichhaltige Büchersammlung von unschätzbarem Wert, sowie ein Archiv mit historischen Dokumenten zur Geschichte dieser bedeutenden Familie.

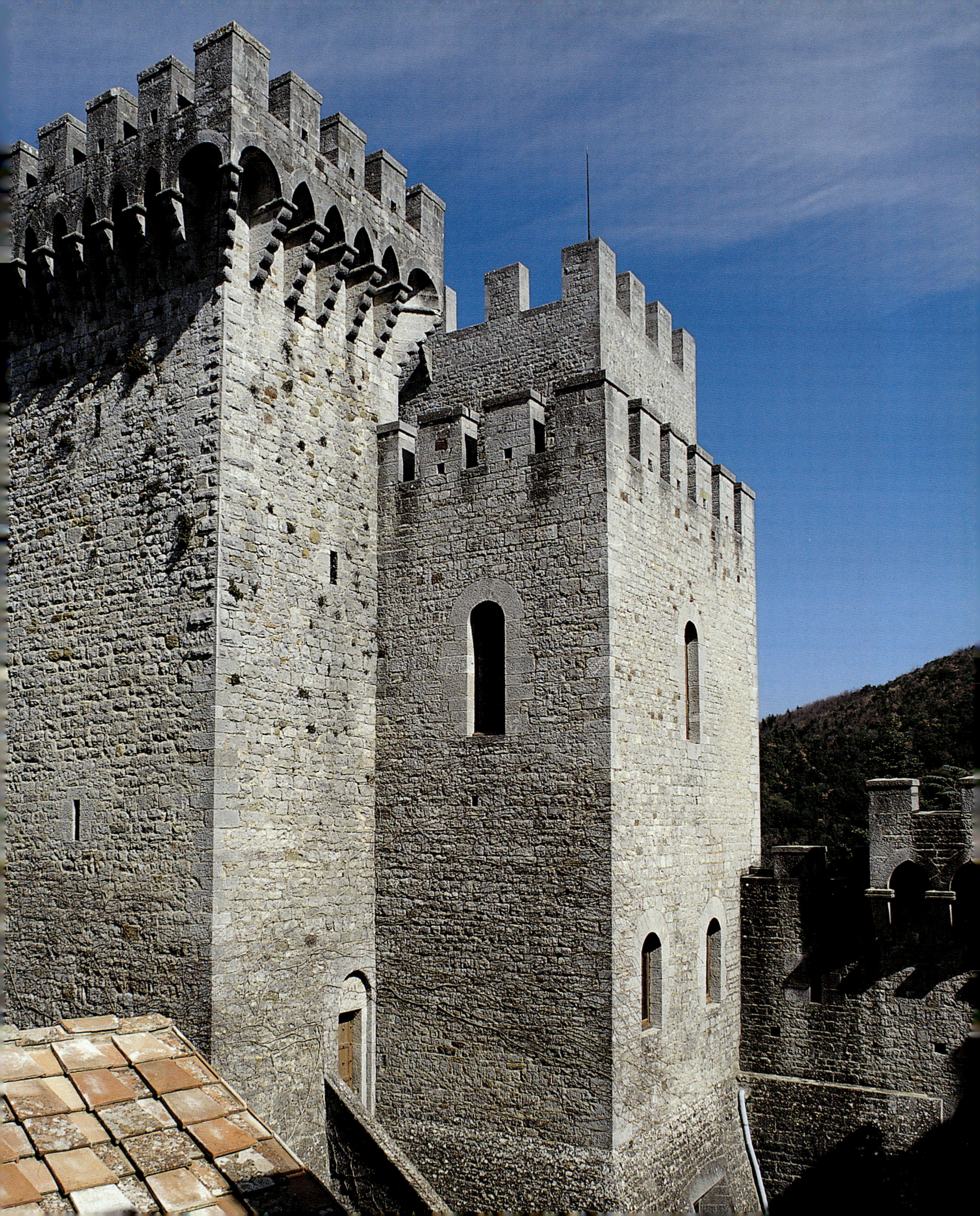

Eine 'bewehrte' Pfarrkirche

Wenn man über die quer durch die Campagna von Lecchi gegen Radda in Chianti führende Straße ankommt, würde man nie vermuten, hier, in dieser wuchtigen, in verschiedenen Epochen enstandenen wehrhaften Struktur eingeschlossen, die sowohl die Charakteristiken der ursprünglichen Festung und, mit der charmanten überdachten Loggia, einer Gutsvilla vorzeigt, eine der antiksten Pfarrkirchen des Chianti anzutreffen. So wird sie in den konsultierten Nachschlagewerken einmal als *pieve*, anderswo als Kastell und einmal sogar als Villa angeführt. In der Tat vereint San Polo in Rosso, wie auch andere ähnliche Komplexe im Chianti (vor allem das Kastell-Pfarrkirche Spaltenna), die ein ähnliches Schicksal erfuhren, alle drei Charakteristiken. Man könnte sagen, dass ihr eine vergeistigte Seele innewohnt, während die äußere Hülle die säkuläre Strenge einer uneinnehmbaren Wehrburg, das Interieur hingegen die gastliche und elegante Atmosphäre einer aufwendigen Gutsvilla vermittelt.

Nach näherer Information erfährt man, dass die Kirche von San Polo bereits vor dem Jahr Tausend der Familie Firidolfi Ricasoli gehörte, im 13. Jahrhundert von den Florentinern mit soliden Mauern bewehrt wurde (wobei die originalen romanischen Strukturen fast gänzlich umgemodelt wurden), dass der Großteil des Gebäudes aus einem Eingriff stammt, mit dem man ihm im 15. Jahrhundert die bereits erwähnten säkularen und militärischen Merkmale aufprägen wollte, und dass man die Kirchenfassade dergestalt erhöht hatte, dass sie dem Mauergürtel einverleibt wurde. Dabei wandelte sich die Apsis in einen halbrunden Turm und

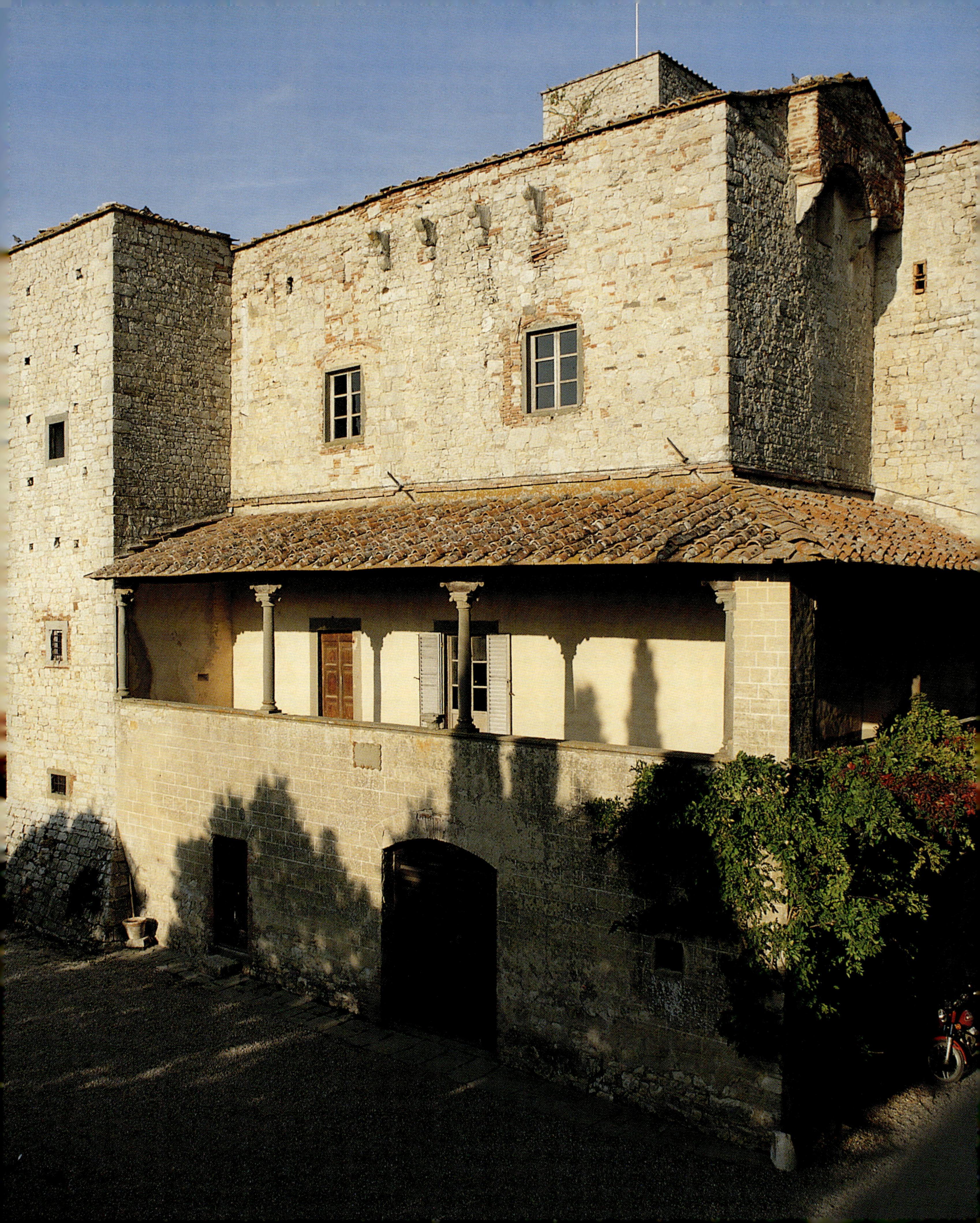

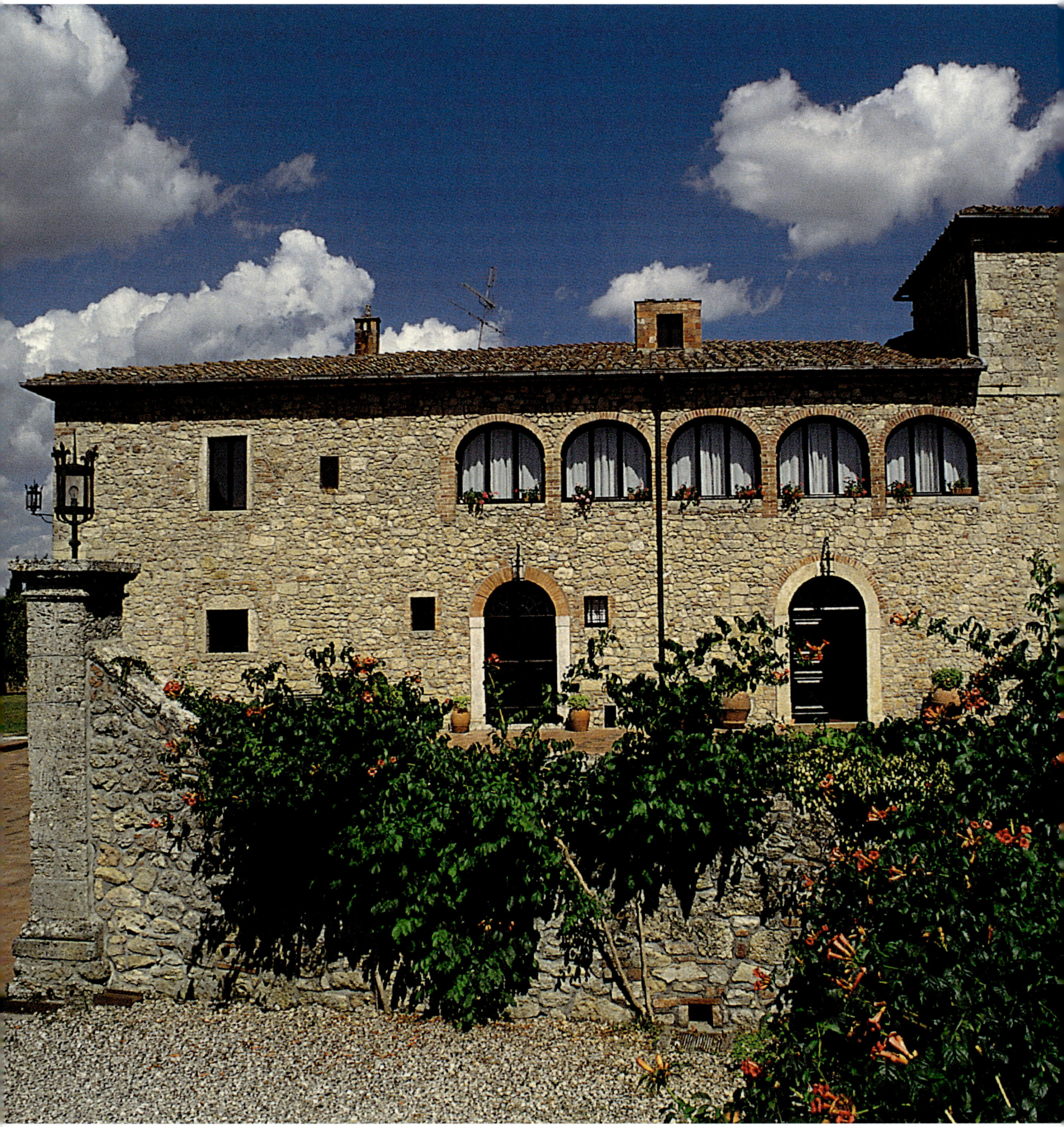

Tausend Jahre Wein

Der märchenhafte Mauergürtel von Monteriggioni nähert sich. Die Zone des Chianti Classico schiebt sich in das Elsa-Tal vor. In diesem letzten Abschnitt des Terroritoriums verflacht und wandelt sich die Campagna in eine offene Ebene. Ein Sträßchen führt zu einem Hügel empor, der von einem Wäldchen umrahmt ist, das den Blick auf die Villa Cerna versperrt, die seit mehr als einem Jahrhundert im Besitz der Familie Cecchi steht, die eine historische Marke der Chianti-Zone repräsentiert. Seinen heutigen Aspekt erhielt das schöne, kompakte Gebäude im Verlauf mannigfacher, seit dem 14. Jh. erfolgter Um- und Ausbauten. 1001 befand sich hier ein Weingut, woran ein Dokument folgenden Inhalts erinnert: "tertia cum vinea super se habentes... et cum fundamentis et omnes edificiis earum una cum inferioribus et superioribus."
Das bedeutet ein Jahrtausend ununterbrocher Weinbau und hundert Jahre Kontinuität der Familie Cecchi, unter deren zahlreichen Etiketten der Bannerwein Chianti Classico Riserva Villa Cerna den Höhepunkt eines stetigen önologischen Engagements verkörpert.

der schlanke Kampanil nahm die Form eines robusten Hauptturms an. Doch im Kircheninneren finden wir die Romanik wieder. Die von soliden Pilastern getrennten drei Schiffe münden in der schönen, hier unveränderten romanischen Apsis. Bevor wir den komplexen Bau verlassen, bewundern wir einen den sienesischen Meistern Cristoforo di Bindoccio und Meo di Pero zugeschriebenen, prachtvollen Freskenzyklus aus dem *Trecento*, der in den Lünetten des Hauptschiffs seit sieben Jahrhunderten Episoden aus dem Leben Christi erzählt. Der letzte Blick fällt auf das wunderschöne Holzkreuz eines unbekannten Künstlers sienesischer Schule aus derselben Epoche. Diese beiden Meisterwerke sind die einzigen *in loco* verbliebenen Zeugen des reichen künstlerischen Patrimoniums der *pieve*. Zur Ergänzung der 'Visite' müßte man die Pinakothek in Siena aufsuchen, wo das wunderschöne Kreuz zu bewundern ist, das der Meister von San Polo in Rosso (den viele mit Segni di Bonaventura identifizieren) im 13. Jahrhundert gemalt hat und über Jahrhunderte der gesamten Bevölkerung des Distrikt als ein Symbol der Andacht und des Gebets gegolten hatte.
'Andachtswürdig' sind auch einige Weine, die das gleichnamige Weingut in 'limitierter Auflage' erzeugt: Castelpolo und Chianti Classico Riserva öffnen den Degustationsreigen.

CHIANTI IM MUSEUM
"VERSTECKTE" MEISTERWERKE

Meister von Fioralle,

Madonna mit dem Kinde.

Kirche Santo Stefano, Montefioralle

Meliore di Jacopo,

Thronende Madonna zwischen

den Heiligen Peter und Paul.

Pfarrkirche San Leolino.

DER JUNGE AMBROGIO LORENZETTI

Noch einen Augenblick zuvor schlief das Kind, nun öffnet es die Augen weil es spürt, dass sich die Mutter erhebt, um sich dem Betrachter in ihrer göttlichen Majestät zu nähern. Ihr Blick ist noch ikonenhaft, dem byzantinischen Formenkanon verbunden, während die staunend auf die greifbare Umgebung geweiteten Augen des Jesuskindes eine emotionell modernere Interpretation des jungen Meisters zeigt, der in seinem mit Sicherheit ersten Auftragswerk (1319) bereits die Leitmotive seiner späteren Malweise erkennen lässt. Ein Künstler, der sich an den Stilvorgaben Giottos und der Florentiner Schule inspiriert, doch als Sienese auch die transparenten Farben von Duccio und Simone Martini gespeichert hat. Sein unverkennbarer Stil kommt in der vigorös gedrängten Linienführung und in einer fast als wagemutig zu bezeichnenden perspektivischen Raumgestaltung zum Ausdruck – ein Problem, das Giotto in Florenz auf forcierte und illusionistische Weise ausgelöst hatte.

Wir stehen vor einer Thronenden Madonna von Ambrogio Lorenzetti, Autor des Freskenzyklusses "*Effetti del buon e del cattivo governo di Siena*". Ein Meister der sogenannten Primitiven Malerei, der jedoch als genialer und komplexer Experimentierer eigentlich nicht in eine rigide kunsthistorische Kategorie eingegliedert werden kann. Das Werk ist im Museum für sakrale Kunst in der Kirche Santa Maria del Gesù in San Casciano ausgestellt, das eine kleine, feine Selektion von Meisterwerken aus dem Umfeld birgt. Neben der Lorenzetti-Madonna bewundern wir ein seltenes Antependium mit dem

Ambrogio Lorenzetti,
Thronende Madonna.
Museum für sakrale Kunst,
San Casciano in Val di Pesa.

Erzengel Michael und Episoden seiner Legende des Florentiners Coppo di Marcovaldo, der sich als erster, bereits in der ersten Hälfte des *Duecento*, vom Stereotyp des byzantinisierenden Figurenstils gelöst hatte. Danach evoziert eine vermutlich dem Meister von Cabestany zuzuschreibende, vormals in der Pfarrkirche San Giovanni in Sugana befindliche "Christi Geburt" in Marmor die archaische Anziehungskraft der romanischen Bildhauerkunst.

Coppo di Marcovaldo

Hl. Erzengel Michael und

Legendengeschichten.

Museum für sakrale Kunst,

San Casciano in Val di Pesa.

SIENESISCHE EINFLÜSSE UND FLORENTINISCHE PRÄDOMINANZ

Eine Betrachtung des bedeutenden Kunsterbes des Chianti-Gebiets lässt erkennen, dass die in Kleinmuseen oder in den religiösen Gebäuden, für die sie geschaffen wurden, aufbewahrten Tafelbilder zwischen Beginn des 13. und Ende des 15. Jahrhunderts enstanden.
Kein Wunder, denn in diesem Zeitraum werden allenorts zahlreiche Sakralgebäude errichtet, für die auch reichlicher Bildschmuck in Auftrag gegeben wird.
In dieser Epoche sichert Florenz zur Kontrolle des sienesischen Rivalen den Chianti-Distrikt mit Kastellen und Wehrdörfern ab; das Territorium bevölkert sich zunehmend und viele Kirchen statten sich mit neuen Devotionalbildern aus. Gleichzeitig belebt ein innovativer Funke die Schöpfungen der Meister des *Duecento* und *Trecento*, deren Namen uns oft unbekannt geblieben sind, doch fast stets florentinische, an Cimabue und in erster Linie an Giotto inspirierte Einflüsse erkennen lassen und also die große Erneuerungsbestrebungen miterlebten, die vornehmlich in Florenz, doch auch in Siena, den Grundstein für eine völlig neue Ausdrucksform bildeten. Hingegen zeichnen für die Tafeln aus dem *Quattrocento* "serielle", wenngleich technisch versierte Maler, die nur wenig Interesse für die innovativen Fermente der Frührenaissance zeigen. Und so ergießt sich im Chianti, doch auch in anderen Zonen der florentischen Campagna ein wahres Füllhorn mit den deliziösen, manierierten Tafelbildern des Bicci di Lorenzo und seines Sohns Lorenzo di Bicci (formell fast ein Klon des Vaters), oder des ebenfalls in der 1. Hälfte des 15. Jh. aktiven Cenni di Francesco, sowie von Malern, die sich noch in der Sprache der "internationalen Gotik" ausdrücken – der letzte, pretiöse Schwanengesang eines Darstellungsmodells, das im *Trecento* seine Glorie gefeiert hatte – während in Florenz in denselben Jahren der junge Masaccio die Kapelle Brancacci freskiert und Beato Angelico in seinen Retabeln und Fresken eine andersartige und ungekünstelte transzendentale Idee sprechen lässt.

Meister von Cabestany,

Geburt Christi.

Museum für sakrale Kunst,

San Casciano in Val di Pesa.

CHIANTI: EINE WEITLÄUFIGE, GEBIRGIGE, BEWALDETE UND LÄNDLICHE KONTRADE, FÜR IHRE WEINE BERÜHMT UND IN NOCH GRÖSSEREM MASSE FÜR IHRE GEOGRAFISCHE LAGE, DIE ALS DER MITTELPUNKT DER GROSSHERZOGLICHEN TOSKANA BETRACHTET WERDEN KANN.

EMANUELE REPETTI

LEBEN IM CHIANTI

REISEN IN EINEM 'KULTIVIERTEN SALON'

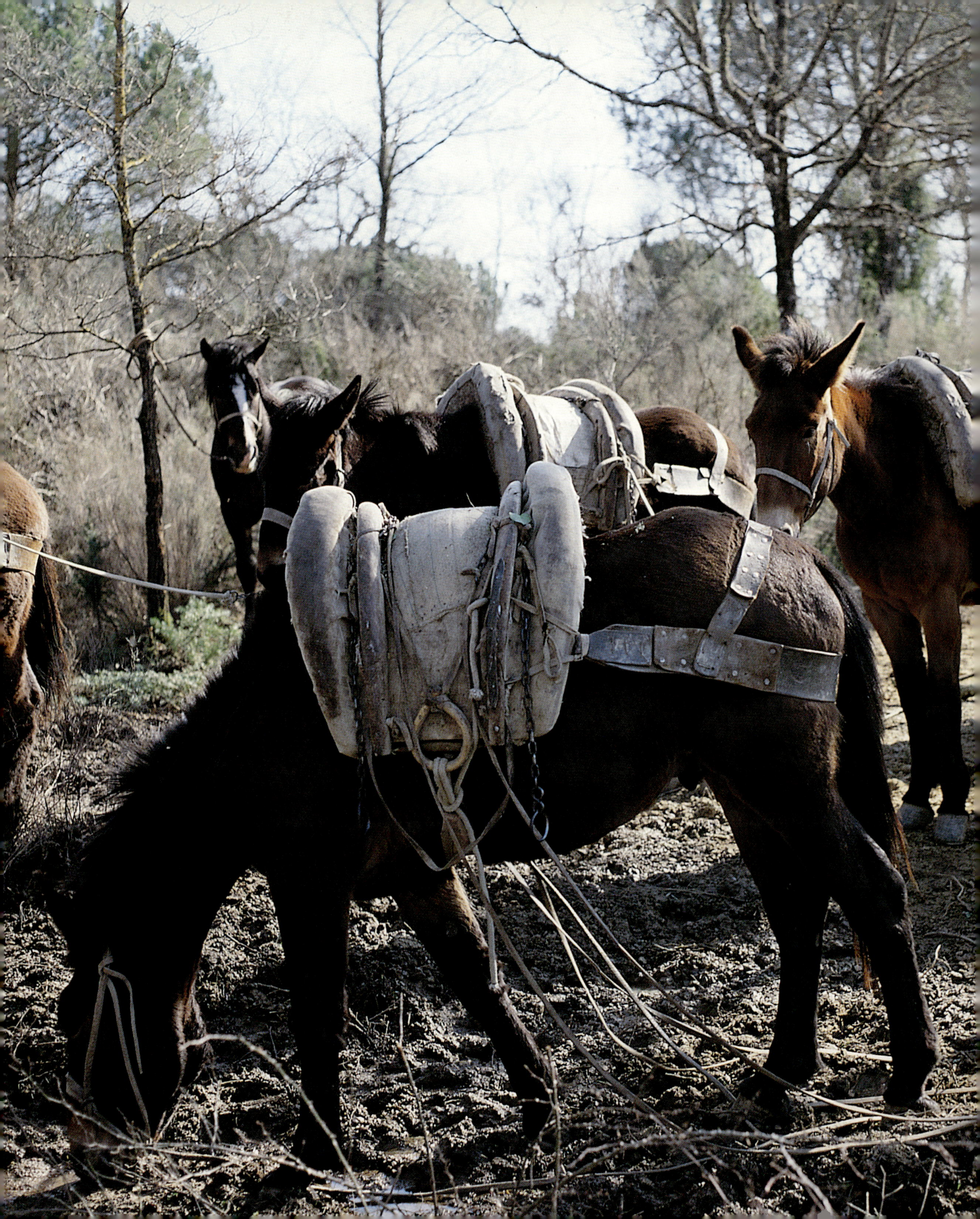

REISEN IN EINEM 'KULTIVIERTEN SALON'

Herbstliches

Maronen-Sammeln

… aus dem Sattel

In den waldreichen Chianti-Zonen wird noch eine antike Tradition gepflegt: Man heuert Spezialisten für die Arbeit an und bezahlt sie dafür generös. Man darf aber nicht glauben, dass diese Profis mit komplizierten, technologisch hypermodernen Geräten anrücken. Sie kommen vielmehr hoch zu Ross, wie die butteri *genannten Rinderhirten der Maremma, und greifen sich die köstlichen Früchte wie Akrobaten aus den Kronen der hohen Kastanienbäume.*

Anfang der Siebziger war das Chianti noch zu entdecken. Wie im restlichen Italien, wirkte das Land vernachlässigt und verarmt, seit es ein guter Teil der Jugend einige Jahre zuvor verlassen hatte, um in den Städten nach weniger mühevoller und remunerativerer Arbeit zu suchen. Dann brachten Engländer, Deutsche, Schweizer, Amerikaner und schließlich auch fähige und weitsichtige Italiener eine Wende zum Rollen. Der architektonische Bestand – schöne steinerne Bauernhäuser, bedeutende Gutsanwesen und zahlreiche mittelalterliche Wehranlagen - wurde restauriert und erneut exklusives Domizil von Menschen, die sich in verschiedenen Sprachen ausdrückten und diverse Ideen hinsichtlich der Lebensgestaltung und, nicht selten, der weinbaulichen Tätigkeit hegten. Das Land erfuhr eine neue Blüte. Nicht nach alten Mustern, sondern mit einem neuen Leben, das den Chianti als den Inbegriff einer ungewöhnlichen Vorstellung und Realisierung der ländlichen Idylle bezeichnete. Ein Stil, der außerhalb Italiens bald mit dem Term 'Chiantishire' bekannt werden sollte.

Mich lässt diese sprachliche Neuschöpfung perplex, vermutlich weil ich in Florenz geboren wurde und immer noch in dieser Stadt wohne, für die ich gemischte, zwischen angeborenem Zugehörigkeitsstolz und einer weniger exaltierenden Bewußtheit kultureller Ausgrenzung schwankende Gefühle hege. Der Neologismus ist vermutlich dem mittlerweile seit langem im Chianti residierenden amerikanischen Schriftsteller und Weinjournalisten Burton Anderson zuzuschreiben, obwohl verschiedentlich behauptet wird, er sei gegen Ende der 60er Jahre entstanden, als die Vorhut der Untertanen Ihrer Britischen Majestät als erstes diese ländlichen Gefilde entdeckten, die ihren heimischen ähnelte.

Chiantishire, als Definition eines geschmacks- und stilmäßig für britische Bürger berufenen Landes. Das klingt zwar gut, doch nicht überzeugend. Chianti ist und bleibt urtypisch toskanischer Boden, ein Land, das den Stil, die Traditionen, den Geschmack und sogar die negativen Eigenschaften der Menschen bewahrt, die es stets bewohnt haben. Wahr ist, dass es die vermutlich polyglotteste Kulturlandschaft darstellt: Wenn es schon Englisch sein muss, warum nicht 'Chianti country'?

Marktszenen

Jeden Samstag füllt sich die bezaubernde, ellipsenförmige Piazza in Greve im ersten Morgengrauen mit den autorisierten Straßenhändlern, die in kürzester Zeit ihre Waren auf den Ständen arrangieren, während sie Anzüglichkeiten und doppelsinnige Wortspiele austauschen. Oft ätzend ironisch, doch nie in Vulgaritäten ausartend, kommt hier die echte toskanische *vis comica* mit einer unmittelbaren, gewinnenden Kommunikationsgabe zum Ausdruck, die, mit der Muttermilch aufgesogen, ein Leben lang beibehalten wird.

Der Wandermarkt zieht jeden Tag in die verschiedenen Ortschaften des Territoriums - Radda, Castellina, Panzano, Gaiole – doch ist Greve der größte und auch überfüllteste. Eine auch dem Überfluss nicht abgeneigte Menschenmasse drängelt sich von einem Stand zum anderen, auf der Suche nach einer Idee. Ein Marktbesuch ist etwas völlig anderes als in ein Geschäft einzutreten, um einen vorgeplanten Kauf zu tätigen.

Ein Alter Ölkrug

Ein altes Tongefäss - ein bauchiger orcio *– zerbricht.*

Ein irreparables Malheur. Es muss weggeworfen, "versorgt" werden, schade! Aber nicht hier. Es genügt, dass ein verunglücktes Objekt dem Auge auch nur andeutungsweise gefällig scheint und schon setzt sich die Phantasie in Gang: Der ästhetisch reizvollste Part, wo die bauchige Tonwand in sanfter Kurve gegen den Hals verläuft, wird zu einem nicht alltäglichen Einrichtungsgegenstand, der sich sehen lässt. Ein kleines geschmackvolles Detail in neutralem Raum. Exzessiv? Mag sein.

Man stellt den Wagen auf dem Parkplatz in Castellina in Chianti ab. Ein Metallgitter umschließt Privatbesitz: Vom häßlichen Dach lugt das Endstück eines orcio *herab. Das Dach wird dadurch zweifellos nicht zur Augenweide, doch das scheinbar nonchalant hinauf geworfene, von Wetter und Wind gezeichnete schöne Terracotta - Fragment, das einem antiken Fundstück gleicht, mildert den rüden Aspekt und bietet uns ein Beispiel für kreatives Reclycling.*

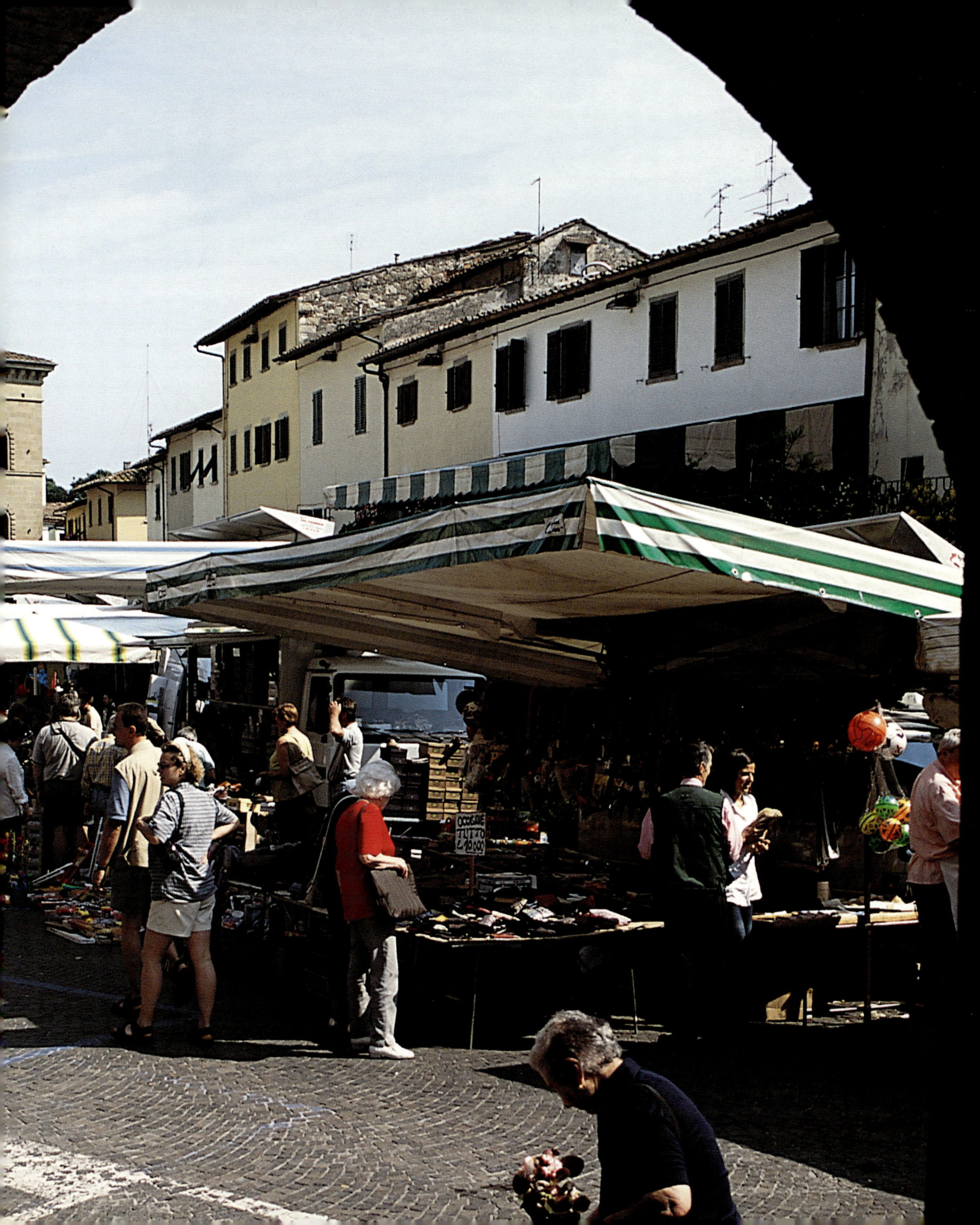
TUTTO

Der Markt übermittelt allen, die sich selbst etwas Zeit gönnen wollen, ein Gefühl von Freiheit, Vergnügen und dazu den selbstschmeichelnden, etwas infantilen Eindruck, etwas zu entdecken, das nur auf uns wartet, von dessen Natur wir jedoch nicht die blasseste Idee haben.

In den kleinen Ortschaften wird nur einmal in der Woche ein Markt abgehalten, der deshalb wie ein Fest begrüßt wird, das das Auge und … die Taschen füllen wird.

Das Angebot lässt nichts zu wünschen übrig – man könnte ohneweiters nackt und hungrig eintreffen und wenig später, von Kopf bis Schuh ausgestattet von hinnen ziehen, mit gefülltem Magen und mit einem guten Glas Chianti gestärkt, das jedes Café oder Vinothek generös anbietet.

Sammlerleidenschaft

Giorgio Batini, ein Schriftsteller und Journalist, der mir viel von seinem schwierigen Metier beigebracht hat, das er meisterhaft beherrscht, schrieb vor Jahren ein intelligentes Buch mit einem amüsanten, geistreichen Titel, der sein ironisches Verständnis für eine leidenschaftliche Manie für antike, oder jedenfalls alte Objets ausdrückt, von der viele Toskaner bessessen sind.

Sein "*Dizionario del Tarlo*" (wörtlich: 'Holzwurm-Diktionär'), eine genüssliche propädeutische Einführung in die Geheimnisse des Antiquitätensammelns, war ein Erfolg, wie übrigens viele andere Bücher des florentinischen Autoren. Noch mehr aber der Titel. Die Idee vom hinterhältigen, doch – weil seine Spuren auf Möbeln schließlich auf authentisches Alter hinweisen - im Grund familiären Holzwurm kam so gut an, dass zahlreiche Geschäfte, vornehmlich Antiquare und Altwarenhändler, den Holzwurm als Emblem übernahmen. Auch im Chianti hat sich die Sammlerleidenschaft wie eine Epidemie verbreitet. Stets in Greve und stets auf dem großen, von Arkaden gesäumten Platz, der den authentischen Anziehungspol des Marktfleckens darstellt, finden jeweils am Ostermontag und am zweiten Sonntag im Oktober Veranstaltungen statt, die wachsend Beifall finden. Mehr als 100 Aussteller aus den verschiedensten Teilen Italiens bieten Antiquitäten von guter Qualität. Man streichelt eine um die 100 Jahre alte toskanische Brottruhe, auf der ein übereifriger Restaurateur vermeidbare Spuren hinterlassen hatt, bewundert einen rustikalen Tisch aus Kastanienholz, an dem einst eine Bauernfamilie ihre einfachen Mahlzeiten einnahm; danach eine französische Kredenz, von einem feinfühligen Kunsttischler in der 2. Hälfte des 18. Jahrhunderts ausgeführt, sowie einen schönen Tisch aus Sorrent, der mit seinem unvergleichlichen, elaborierten Intarsienspiel den Geschmack und den Stil einer Epoche aufklingen lässt.

Auf höhere Sammleransprüche zugeschnitten, zeichnen sich die beiden Editionen (zu Ostern und im September) der 'Vacanza Antiquaria' in Radda in Chianti mit ausgewählt finessenreichen Exponaten aus.

Im Chianti mit dem Fahrrad
Die Augen auf die Straße gerichtet und gelöst miteinander plaudernd, sieht man sie in geballten Grüppchen im Normaltempo radeln. Plötzlich kommt Bewegung in das Pack, die Räder drehen sich schwingend schneller: Ein veritables ehrgeiziges Wettrennen beginnt zwischen den Freunden, die danach ihre Sportoutfit ablegen und zur gewohnten Arbeit gehen werden. Aus der Kompetition wird ein einziger Sieger hervorgehen, und eine Schar schwer atmender Besiegter. Einer stößt einen anfeuernden Ruf aus und sprintet als erster. Die anderen folgen seinem Beispiel. Jetzt

wird die Sache ernst, die Straße beginnt anzusteigen. Alle umklammern die Lenkung. Jetzt beginnt echte Mühsal. Die Kräftigsten schaffen das Gefälle mit Lässigkeit. Einer wirkt fast elegant: drahtiger, durchtrainierter Körper, Muskeln und Seele eines Bergsteigers. Andere wiederum verlieren bald den Rhythmus, die Beine voll Milchsäure wollen nicht mehr treten. In der Hitze des Rennens überholt die Gruppe zwei junge Ausländer, auch sie mit dem Rad unterwegs, doch als Touristen anders motiviert und engagiert. Der Unterschied sticht ins Auge: Während die einen Tradition und ein legendärer Sport animiert, benützen die anderen das Fahrrad als Verkehrsmittel, mit dem sie eine schöne Zahl von Kilometern unter der Last ihres Gepäcks zurücklegen, das aus gigantischen Rucksäcken mit Schlafsäcken, Zeltplanen und all dem besteht, was man für die wahrhaft heroischen Routen mit dem motorlosen Zweirad noch benötigt. Diese Touristen sind fast immer Ausländer, jung, und ihre Träume handeln von Reisen, Abenteuern und Anstrengungen.

Begegnung mit einer Unbekannten
Unser Lächeln gefällt ihr nicht. Es muß ihr falsch scheinen. Oder vielleicht schämt sie sich. Wir bitten um Erlaubnis, sie fotografieren zu dürfen. Sie weigert sich mit einer brüsken Geste: Ein unmißverständliches und unwiderrufliches Nein. Schade, denn der alten Bäuerin, der wir nahe der Pfarrkirche San Cresci begegnen, wohnt eine eigene Schönheit

inne. Sie saß in der milden Sonne des jungen Frühlings, in ihrem dunklen Kleid, den dunklen Strümpfen, mit ihren dunklen Falten im regungslosen, stolzen Gesicht. Saß da, wie eine Alte, die man in ein Reservat eingeschlossen hat, fast als ob sie die Veränderungen auf ihrem Land, mit all den im Geschmack der neuen Bürgerschicht erneuerten Bauernhäusern, eleganten Geschäften und dem ganzen Rest zum Rückzug in ihre kleine heile Welt veranlasst hätten: In die Sicherheit ihres Hauses und ihrer Kirche, die beide seit jeher mit ihr und ihrer Familie – der früheren und der jetzigen – existierten. Die Frau wiederholt ihre verneinende Handbewegung, erhebt sich dann mit etwas Mühe, schreitet durch die Tür des schlichten, bäuerlichen Hauses und verschwindet in ihr einfaches Leben in schwarz und weiß.

Künstler im Chianti

Eine stattliche Schar von Künstlern hat sich hier in den letzten Jahrzehnten dauerhaft niedergelassen, in der Hoffnung, ein neues Gefühl für Zeit und Raum wiederzufinden und vom Gedanken verführt, ihre Kräfte mit einem unbekannten Lebensmodus auf die Probe zu stellen. Viele haben sich für einen stabilen Aufenthalt entschlossen, andere bevorzugen eine Wechselfolge von bedächtigen Langzeitperioden auf dem Land mit seinen gedämpften Rhythmen, und hektischeren, doch vitalisierenden Abläufen im städtischen Milieu.

Inspiration in der Stille

Mattew Spender und Maro Gorky Spender wohnen seit vielen Jahren in dieser Colonica, wo sie, malend und bildhauernd, gänzlich von der meditativen Dimension ihres Bauernhauses umfangen, im Umfeld von San Sano, im sienesischen Chianti ihr Leben verbringen.

Die Pioniere

Ich erlaube mir eine Reminiszenz, die ausreichend fern liegt, um Gestalt anzunehmen. Die Erinnerung an zwei Männer, grundverschieden hinsichtlich Background und, wie ich glaube, Weltanschauung, doch mit der selben Ehrlichkeit gegenüber ihrer Berufung.
Die Begegnung liegt viele Jahre zurück. Ich sollte ihn interviewen. Er erwartete mich in seinem isoliert liegenden alten Bauernhaus im Umfeld von Castellina. Er saß auf einem großen Stein, Handgelenke auf das Knie gestützt, die Finger verschlungen, den Blick in dunklen Gedanken verloren. Als er mich kommen hörte, kreuzten sich unsere Blicke und ich fühlte, wie mich sein Auge prüfte. Leo Ferré, Intellektueller und Bänkelsänger, Poet des Volks, der sich mit seinen Gedichten, seinen messerscharfen und traurigen Chansons, seinen leidenschaftlichen und kompromisslosen Romanen, den Ruf eines unbequemen Querdenkers eingehandelt hatte. Er war

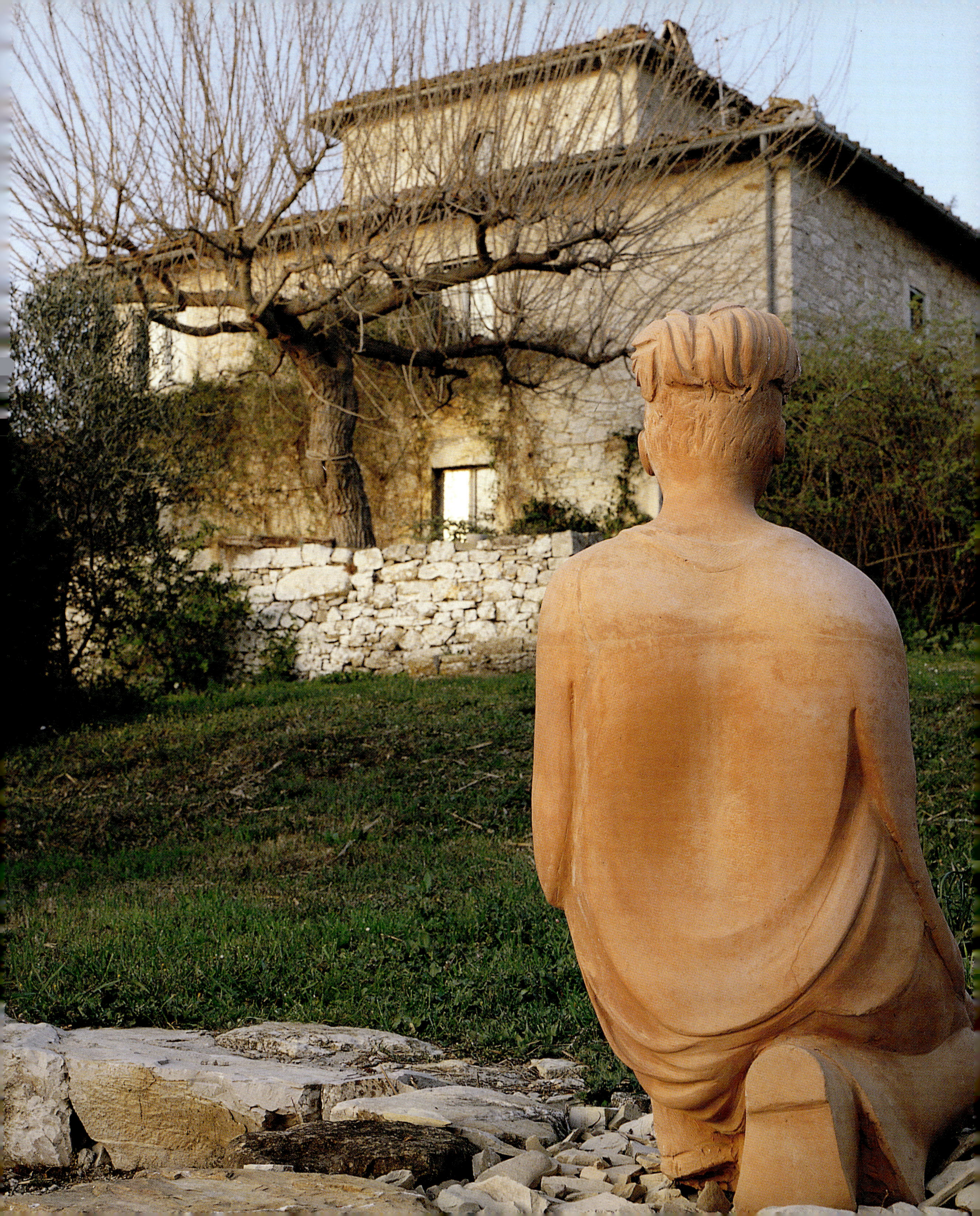

gerade heraus, konnte auch brüsk sein, wenn ihn die banale Voraussichtbarkeit der Abläufe störte. Es war mir klar, dass ich mit ihm vom üblichen Clichée abweichen musste. Er wollte "echte" Fragen, Formalien, leere Floskeln waren ihm ein Grauen. "Sind Sie gekommen, um in Ihrer Zeitung zu berichten, dass auch Leo Ferré den Chianti gewählt hat um in dieser wunderbaren *Campagna* zu leben, die die schönste der Welt ist, bla, bla, bla, oder um mit mir zu reden?" Ich reagierte auf die Provokation, das Interview verlief bestens und auch die Begegnung. Eine Begegnung, von der ich etwas gelernt habe. Freiheit war für ihn keine Chimäre, sondern eine Tag für Tag neu zu erforschende Dimension. Und auf der Suche nach der Freiheit muss man bereit sein, mehr zu riskieren als das übliche Maß, das, will man tatsächlich ein Risiko eingehen, eine ungenügende 'Einheit' verkörpert, denn Risiko birgt an sich eine gute Dosis unbewußter Unverantwortlichkeit, doch auch eine ererbte Bindung an den Ur-Lebensinstinkt, so dass echtes Risiko wahrscheinlich mit einem Forschungsdrang, einer positiven Ruhelosigkeit, und einem generösem Handeln/Hadern mit sich selbst gleichzusetzen ist. Eine seelische Dimension, die ihn vollständig einfing und beherrschte.

Als wir uns verabschiedeten, bemerkte er wie beiläufig, der Chianti sei wunderschön, doch auch viele andere ländliche Gebiete seien es, und zum Kauf dieser *Colonica* war es gekommen, weil sie ihm ein Freund vorgeschlagen und er aus Impuls zugestimmt hatte, was er nicht bereue.

Vor seinem Tod sahen wir uns nur noch einmal. Die Erinnerung an ihn ist noch heute sehr lebendig. Seine Frau Maria Christina Diaz Ferré und die Tochter Daniella produzieren einen Chianti Classico, Poggio ai Mori, der sich sehen lässt, nach der gleichen konkreten, unaufdringlichen Manier, die Leo liebte – ohne bla, bla, bla.

In den selben Jahren brachte mich ein Freund zu einem schönen Bauernhaus mit einem großzüg angelegten Garten, der viele autochthone Florenarten und verschiedene, eigenartig leblos wirkende Pflanzen aufnahm – die sich aus der Nähe als Skulpturen aus Metall entpuppten, die der Hausherr Lionni mit schöpferischer Phantasie kreiert hatte. Äußerlich wirkte er wie ein eleganter, phlegmatischer englischer College-Professor, doch hinter seinem wachen, ironischen Blick verbarg sich eine kindliche Seele und während des nachfolgenden animierten

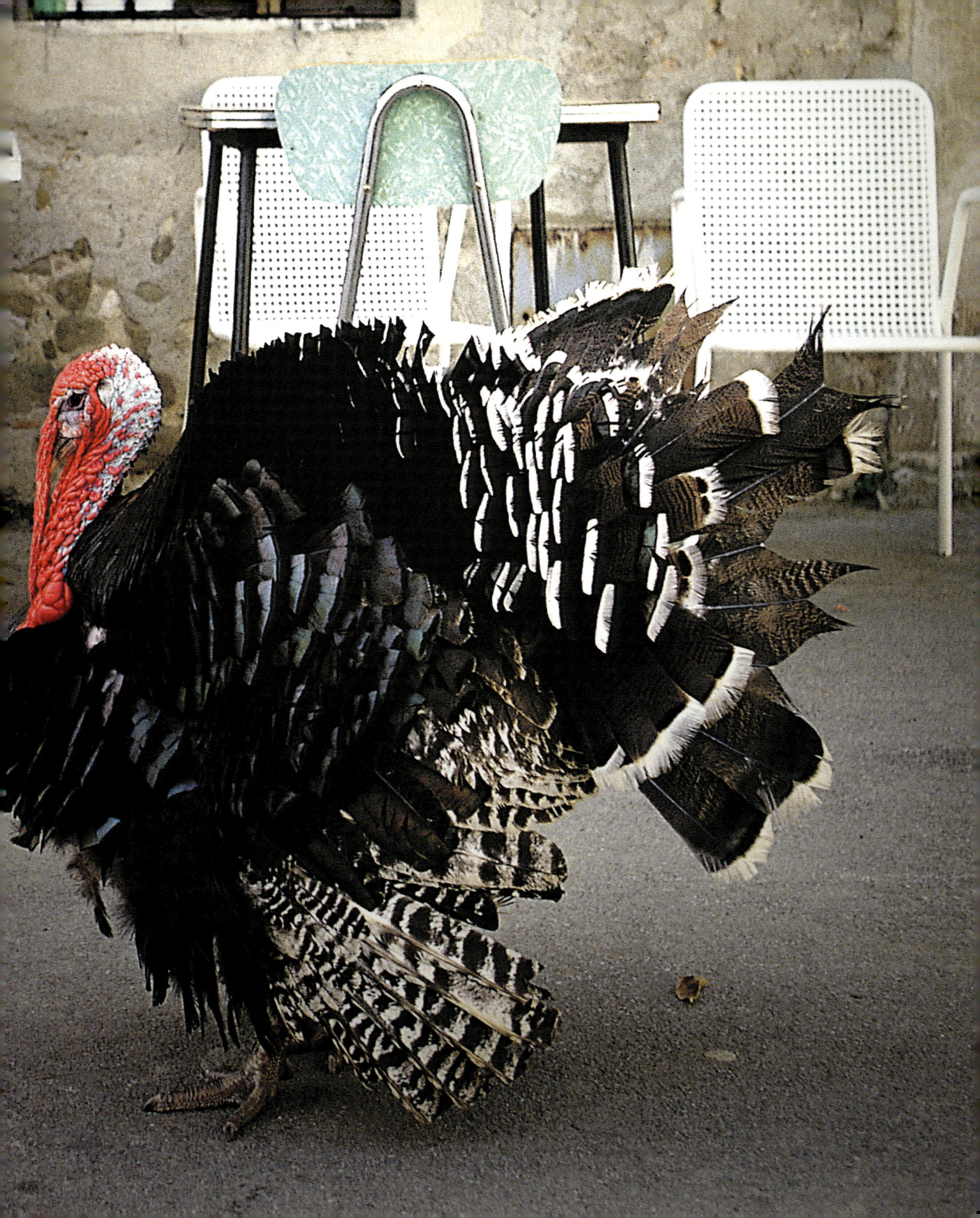

Gesprächs verspürte ich, dass er eine elektrisierende, infantile Energie ausströmte. Obwohl er damals bereits unter der Krankheit litt, die zu seinem Tod führen sollte, hatte sein spielerisch-heiterer Dialog mit der Welt nichts von seiner jugendlichen Frische eingebüsst. Nach den phantastischen 'Pflanzen' im Garten (eine dieser Skulpturen ist auf der Piazza von Gaiole in Chianti zu sehen) bewunderten wir in seinem Atelier einige Bilder, an denen er arbeitete und sprachen über seine transversale Schriftstellerei und seinen Hauptberuf als namhafter Werbefachmann und Illustrator von Kinderbüchern, die auch "für die Großen gedacht sind, die sich weigern, erwachsen zu werden", wie er lächeln bemerkte – wozu er sich wohl selbst rechnete. Ferré und Lionni zählen zu den allerersten Künstlern, die dieses Land geliebt hatten, weit bevor es "in Mode" kam.

Treffpunkt Bar
In der *Bar*, meist das größte öffentliche Lokal der Ortschaft mit einem reichhaltigen Angebot an Essbarem, setzen sich die Einheimischen am Nachmittag zum Kartenspiel zusammen, *scopa* oder *briscola*. Mehr als Gewohnheit ist das tägliche Treffen vielmehr eine eingefleischte Tradition, fast ein primäres Bedürfnis. Die Leute - betagte Männer, viele tragen noch den traditionellen Filzhut mit halbbreiter Krempe – scharen sich um den Spieltisch und kiebitzen. Einer wirft ein Scherzwort ein, das jedoch Unwillen erregt – wenn gespielt wird, wird gespielt; man setzt seine Bravour und Fähigkeiten ein. Was nicht wenig ist.
Dieselbe gesammelte Strenge ist im Billardsaal zu bemerken. Diese gleichzeitig raffinierte und populäre 'Disziplin' zieht heute die Jugend wenig an, erfreut sich jedoch stets großer Beliebtheit, wenigstens bei den echten leidenschaftlichen Anhängern. Hier gelten Regeln *all'italiana*. Einer der Beteiligten agiert mit der kühlen Gelassenheit des Champions. Er ist um die sechzig. Mager und gestählt, Rauchergesicht, die Zigarette im Mundwinkel, seiner Rolle bewußt. Er weiß, dass alle Augen auf ihn gerichtet sind. Jemand äußert eine jener unpassenden Bemerkungen, die Abergläubische zu oft derben Beschwörungsgesten veranlassen. Er lächelt nur, während er mit elegantem Touch seine Queue mit der Kreide präpariert. Dann biegt er sich über den Billardtisch. Ein Stoß – der ihm 180 Punkte und den Sieg einbringt. Sein Gegenspieler unterdrückt die Enttäuschung nur mühsam, war er doch so nahe daran gewesen, den lokalen Champion zu übertrumpfen und nun war auch diesmal nichts daraus geworden. Die Zuschauer klatschen Beifall. Der Gefeierte geht zur Theke, um ein gutes Glas auf das eigene und das Wohl des kleinen Hofs seiner Freunde-Rivalen zu trinken. Vor allem aber auf sein eigenes.

USTAZIONE VINI
CON
LUMI E FORMAGGI
TIPICI

Caffè le Logge

Theaterszene

Gaia Bastreghi ist Schauspielerin, in erster Linie. Sie zählt zu jenen, die ihre Fähigkeiten in den verschiedensten Bereichen unter Beweis stellen. Ihr Talent kommt auf der Bühne (Klassiker und Komödien) und auf der neuen italienischen Filmszene (der es weniger an Ideen, doch meist an finanziellen Mitteln mangelt) ebenso zur Geltung wie im opulenten und neurotischen Imperium des Fernsehens.

Überdies hat Gaia - wie alle echten Theatermenschen, eine Kategorie, die sich Leib und Seele dem Spektakel verschrieben hat – nach und nach ihre ausgeprägten organisatorischen Fähigkeiten entdeckt und eingesetzt: Organisatorisches Engagement in diesem faszinierenden, doch hürdenreichen Sektor setzt jedoch voraus, viele verschiedene Rollen zu übernehmen: Man muss als Darsteller und wahrscheinlich auch ein wenig als Regisseur mitwirken, einen wachen Blick auf Trends und Wenden und auch das Zeug zum Autoren besitzen. Kurz, Gaia Bastreghi, die seit langem in Rom lebt und arbeitet, verläßt seit drei Jahren zu Sommerbeginn das gewohnte Mileu, um sich im Chianti der künstlerischen Direktion eines Events zu widmen, dem ein wachsendes Publikum Applaus zollt. Dank dieser Schauspielerin-Autorin-Organisatorin hat die nunmehr dritte 'Festival del Chianti'-Edition Interesse auf internationaler Ebene erregt. Jahre zuvor war der Tänzer Lindsay Kemp aufgetreten und der Regisseur Hervé Ducroux hatte in Radda für ein theatralisch-musikalisches Happening gezeichnet. An den Prämissen für Theaterkultur auf Topniveau im Chianti fehlt es demnach nicht: Nun liegt es an den Verwaltungsorganen, diese zu fördern.

Klassische Klänge zwischen den Weinbergen

Vor einigen Jahren wurde ich an die Tafel eines großen Dirigenten eingeladen. Einer jener schwierigen, zurückgezogenen Menschen, die ihre Kunst als ein kohärentes, totalisierendes Verhältnis erleben, Kompromisse ablehnen und ignorieren, wenn diese auf sie zukommen, indem sie sich stellen, als würden sie nicht verstehen. Ein Dirigent, der sich nach einem Leben in der und für die Musik als Leiter namhafter Orchester, auch in den Vereinigten Staaten, ein gut im ersten Trakt des Florentiner Chianti-Gebiets verstecktes, reizendes Bauernhaus gesucht hat. Der Meister heißt Piero Bellugi. Er hatte vor einigen Jahren, gemeinsam mit dem Sohn David – berühmter Flötist und Tausendsassa in der Kunst antiker und moderner Holzblasinstrumente, die er seit über zwei Jahrzehnten am Konservatorium in Florenz unterrichtet – ein kleines Ensemble zusammengestellt und 'Orchestra del Chianti' getauft. Das Orchester debütierte, mit Erfolg natürlich. Das Konzert wurde für ein CD aufgenommen, das diesen ersten Event verewigen sollte – bei dem es jedoch dann blieb. Denn seltsamerweise war niemand bereit, die couragierte, spontane und von den zelebrativ-pompösen Mechanismen der Opernbühnen abgesonderte Initiative Bellugis zu unterstützen.

Trotz allem ist die Erinnerung an das mutige Experiment des "Chianti-Orchesters" noch lebendig. Heute finanzieren private Sponsoren verschiedene klassische Musikveranstaltungen, auch mit beachtlichem Niveau. Unter allen möchte ich die von einem Kennerpublikum als authentische Evente gefeierten Konzerte in San Polo in Rosso anführen, die Frau Katrin Canessa, feinsinnige Musikliebhaberin und Besitzerin des wunderschönen Landguts veranstaltet und dabei jedesmal mit berühmtenden Künstlernamen überrascht. Ähnliche Darbietungen organisieren die weltweit für ihre Spitzengewächse und nunmehr auch für die jährlich organisierten musikalischen Veranstaltungen bekannten Weingüter Nittardi und Badia a Coltibuono.

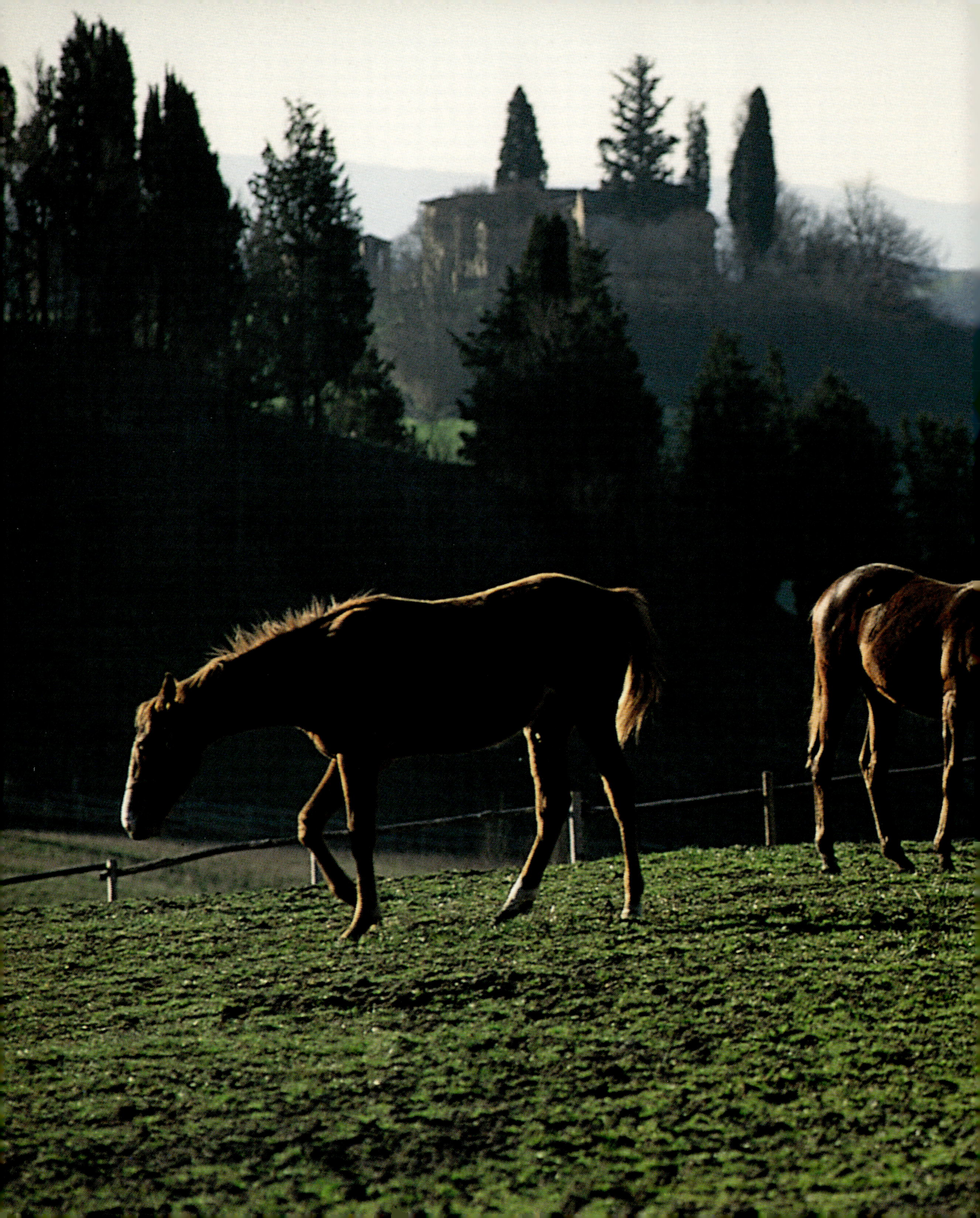

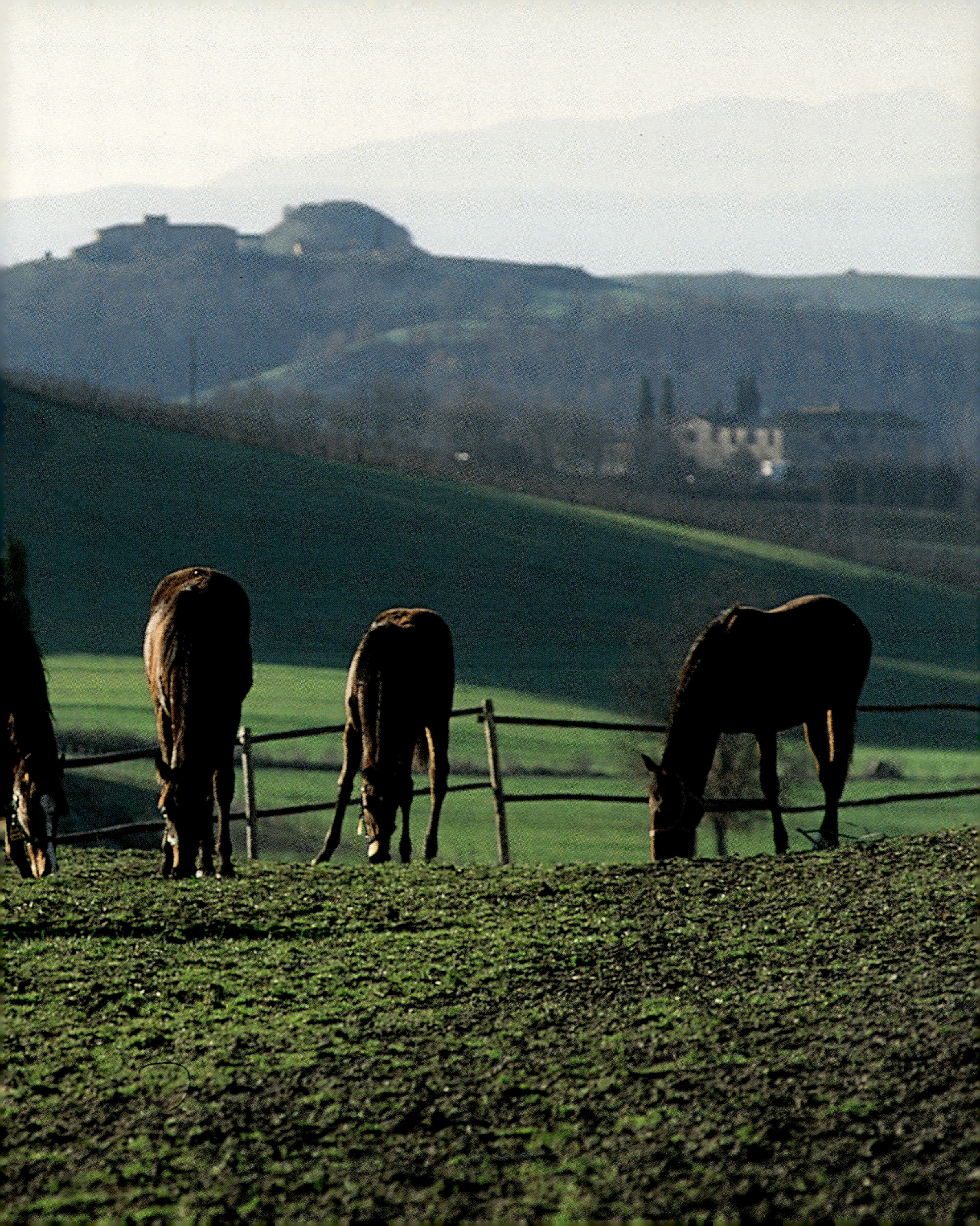

Podere Terreno oder 'die Kunst der Gastlichkeit'

Wir kennen einige ausgezeichnete, von guten Freunden geführte Agritourismusbetriebe im Chianti, doch ist es nicht unsere Aufgabe, den einen oder den anderen hervorzuheben, ebensowenig wie dieses Buch einen einschlägigen, exhaustiven Guide darstellen will, da wir uns vorsätzlich darauf beschränken, von unseren Impressionen, Entdeckungen und Begegnungen zu erzählen. Die Begegnung mit Marie Sylvie Haniez und Roberto Melosi, den Inhabern des Agritourismus Podere Terreno, Lok. 'Alla via della Volpaia', in der Gemeinde Radda, war eine glückliche. Vielleicht standen wir drei an jenem Tag 'unter einem guten Stern', also unter einem mysteriösen astrologischen Einfluss, oder wir fanden uns unmittelbar spontan auf der gleichen Linie, auf eine direkte, doch sensible Weise, die sich in kleinen Details äussert. Ohne Förmlichkeiten, doch mit delikater Substanz. Denn bei ihnen hatte ich den Eindruck, die herzliche Aufnahme sei ihrer natürlichen Berufung zur Gastlichkeit zu verdanken, nicht der beruflichen Routine – was sehr selten vorkommt, nicht nur im Chianti. Das mag übertrieben klingen, aber genau dies fühlte ich während der wenigen Stunden, die ich mit dem Paar verbrachte und mit einem gemeinsamen Abendessen im Freien ausklangen, das mich in den Genuss exquisiter Gerichte in Begleitung der ausgezeichneten Gewächse ihres kleinen, feinen Weinguts brachte.

Doch dies ist nur eine Episode von Begegnungen, denn im Chianti kultiviert man Gastlichkeit und dem Beispiel von Sylvie und Roberto sind zahlreiche warmherzige Unternehmer gefolgt, die sich im Chianti ein Anwesen gekauft und ihre Liebe zum Land mit Arbeit verbunden haben. Doch auch in Schlössern, großen Herrenvillen und sogar einstigen Abteien, wie Badia a Coltibuono, werden gepflegte Unterkünfte angeboten – wirklich ein breitbandiges Angebot. Ein Zimmer oder ein kleines Apartment in einem Bauernhaus oder Weingut lassen uns in Arkadien wähnen; das elegante Milieu einer Renaissance-Villa ist das Richtige für Liebhaber kultivierter Atmosphären; die kleine Mönchszelle erfüllt das Bedürfnis nach asketischer Genügsamkeit (doch ohne Verzicht auf den gewohnten Komfort).

Chianti English style
Überall in der Toskana, also auch im Chianti und insbesonders gegen Siena zu, ist die Liebe zum Pferd unübersehbar. Im 'Allevamento della Berardenga' im Umfeld von Castelnuovo Berardenga, werden in der Hoffnung auf zukünftige Turf-Champions selektierte Rassehengste und –Stuten vermählt. Auch fehlt es wahrlich nicht an umsichtig geführten Reiterhöfen und Reitbahnen, die mehr oder weniger erfahrenen Rossnarren die Gelegenheit bieten, sich im Sattel von Halbblütern, pensionierten Reinblütern ohne Mucken, oder nicht mehr jungen Exemplaren der eigenwilligen maremmanischer Rasse zu tummeln. Doch die tief verwurzelte Verbindung zu den Pferden wird augenscheinlich, wenn man neben vielen isolierten Bauernhöfen die Paddocks sieht, in denen sich ein oder zwei edle Vierbeiner bewegen. So ist es nicht ungewöhnlich, vor allem am Wochenende, kleinen Gruppen von Reitern zu begegnen, die den Straßensaum entlang traben, bis sie offenes Land zum herzerfrischenden Galoppieren finden.

Very british ist auch ein anderes Hobby, das sich in der Toskana sicher nicht zum Massensport etabliert hat: Golf. Dieses Rasenspiel setzt neben Schläger und Ball starke Arme, Erfahrung, ausgeprägte Selbstbeherrschung und Ausdauer für das Herumwandern auf dem ausgedehnten Green voraus. Der exklusive Golf-Club Ugolino, dem man nach den letzten Häusern von Grassina am Beginn der Via Chiantigiana begegnet, wo sich die ersten

Chianti-Hügel erheben, wurde bereits 1935 gegründet und gilt mittlerweile als historischer Bezugspunkt in der Geschichte dieses elitären Sports. In den ausgedehnten sanften Hügelwellen frönen die Golfer aus Florenz und der florentinischen Chianti-Zone ihrer Leidenschaft.

Millemiglia

Ich kam eigens zu diesem Anlass und stellte den Wagen am Rand der Straße genau an der geopolitischen Scheide zwischen der Chianti Classico-Zone und dem Elsa-Tal ab, die auch unter dem landschaftlichen Aspekt eine Grenze zwischen den letzten Chiantihügeln und den ersten sonnigen Ebenen der Val d'Elsa bildet. Nur wenige hundert Meter weiter liegt das ummauerte Monteriggioni, in geringer Entfernung erhebt sich die Ruine des Forts von Staggia Senese und gegen den nach einer ausgedehnten Ebene mit Weingärten und Sonnenblumen-Feldern auslaufenden Hügelhorizont vermeint man San Gimignano mit seinen kriegerisch zum Himmel empor gereckten dreizehn Türmen auszumachen.

Durch dieses Territorium verläuft die alte, glorreiche Staatsstraße Nr. 2, bis vor einigen Jahrzehnten die einzige Verbindung zwischen Florenz und Siena. Mittlerweile hat die Superstrada den Autoverkehr vereinfacht und beschleunigt, und die alte Straße dient fast ausschließlich dem gemächlichen lokalen Verkehr. Doch an diesem Maitag ist sie ungewöhnlich belebt. Dicht drängen sich Menschen jeden Alters an den Seiten der Straße, gespannt in Richtung Siena blickend. Auch wir reihen uns dazu: Alle in Erwartung, die von Sammlern liebevoll 'Oldtimers' genannten Automobile aus vergangenen Zeiten vorbeifahren zu sehen, die mit ihren heute absurd wirkenden, zu hohen, zu langen, oder zu kurznasigen Profilen und den exzentrischen Farben ein legendäres Stück Geschichte der Motor-Epik darstellen: Das ist Millemiglia, die "tausend Meilen".

Im Chianti "Surfen"
Kurznotizen von einer kleinen Reise im Internet:

chianti news.it
Journal mit Lokalchroniken, Initiativen und Serviceangeboten.

chianti.it
Journal, enthält Informationen und önogastronomische Tipps.

chianticlassico.com
Offizielle Webseite des Konsortiums: Ausführliche Dokumentation über alle Mitgliederbetriebe, sowie nützliche Ratschläge zur Weindegustation.

terreditoscana.regione.toscana.it
Ausgezeichnet konstruiertes Portal mit vielen Links. Rundschau toskanischer Weine; ausführliche Beschreibungen, Kennkarten der einzelnen Rebsorten. Für Kenner.

adactanet.it/dominimusei
Sehr gut konzipiertes Schaubild der Gesamtheit kleiner Museen im florentinischen Chianti, mit exhaustiven und adäquaten Kommentaren zu den signifikantesten Kunstwerken. Nur: Warum ausschließlich auf die Schätze des 'Chianti fiorentino' beschränkt? Für echte Liebhafter antiker Kunst.

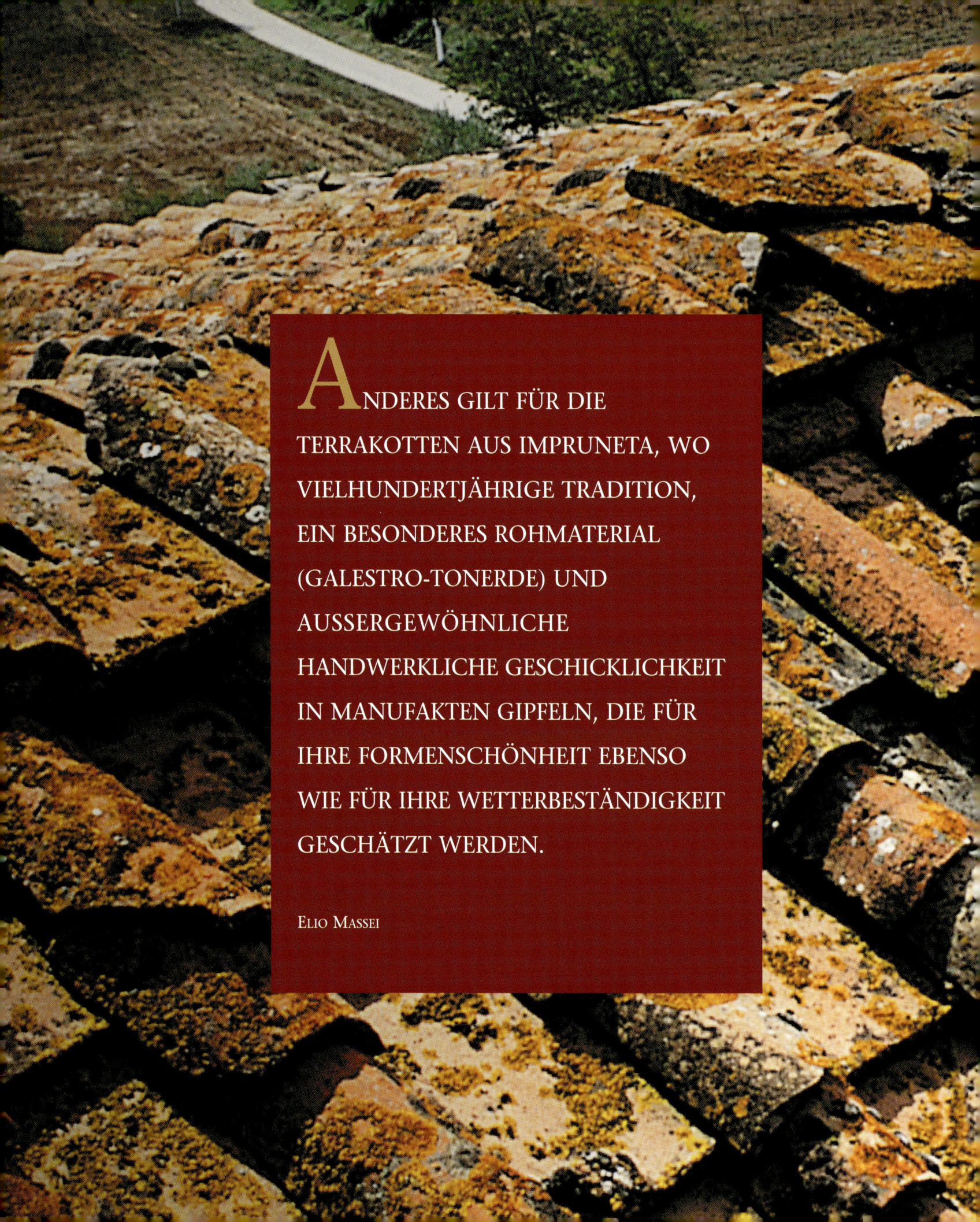

Anderes gilt für die Terrakotten aus Impruneta, wo vielhundertjährige Tradition, ein besonderes Rohmaterial (Galestro-Tonerde) und aussergewöhnliche handwerkliche Geschicklichkeit in Manufakten gipfeln, die für ihre Formenschönheit ebenso wie für ihre Wetterbeständigkeit geschätzt werden.

Elio Massei

KUNSTVOLLES HANDWERK
‚COTTO' UND ANDERE MANUFAKTE

'COTTO' UND ANDERE MANUFAKTE

Im Chianti musste man zum Handwerker "geboren" sein. Keine effektheischende Behauptung, sondern vielmehr ein Gebot des Landlebens vergangener Zeiten, als die Menschen an der Armutsgrenze lebten und es galt, die Not zur Tugend zu machen. Die tiefgründige Arbeit von Elio Massei über das lokale Kunsthandwerk berichtet über Ursprünge und Entwicklung dieser Zunft. Keineswegs überraschend ist es also, dass die ersten Berufsschreiner erst im 19. Jh. auf dem Land tätig wurden und neben den seit jeher für verschiedenste Eisenarbeiten zuständigen Schmieden, bis zum Anfang des 20. Jhs. lediglich Küfer und Stellmacher den Handwerkerberuf als Broterwerb ausübten: Geschickte Männer, die Fässer zu binden und reparieren wussten, oder Karren für die Arbeit zimmerten – zwei Berufszweige, die eng mit der Landwirtschaft verbunden waren. Auf dem Land konnte sich wegen der herrschenden Armut kein Verhältnis von Angebot und Nachfrage entwickeln, denn die einzigen Kunden, die über entsprechende finanzielle Mittel verfügten, um eventuelle Handwerker bezahlen zu können, wären einzig die Landbesitzer gewesen, die auch prunkvolle Palazzi in Florenz und Siena besaßen. Doch innerhalb der unabhängigen und autonomen herrschaftlichen Güter, wirkten und lebten Schmiede, Zimmermänner und Schreiner, die für ihre bei Bedarf geforderte Arbeit mit Kost und Logis entlohnt wurden. Häufig waren in den Anwesen Werkstätten und kleine Brennereien eingerichtet, so dass Dachziegel und Backsteine für Ausbesserungsarbeiten und Umbauten der zum Gut gehörenden Nutzgebäude gebrannt werden konnten.
Somit wurde man im Chianti und auf dem Land im allgemeinen zum Handwerker geboren, da man lernen musste, Gerätschaften und Hausrat für den Eigenbedarf selbst anzufertigen. Es galt, rohes Holz zu bearbeiten, zu schneiden und in rustikale und funktionelle Gegenstände für den täglichen Gebrauch zu verwandeln, wie die herrlichen Bauernschränke, die heute von einem frenetischen und Trends unterworfenen Markt gesucht und teuer bezahlt werden. Einer exzentrischen Mode gleich, erkannte man, wie stilvoll diese schlichten Möbelstücke ohne Intarsien und Schnitzereien zu Hause wirkten. Möbel ohne Firmenlabel, die keiner Schule folgen, sondern durch ihre essenzielle Schönheit bestechen. Dieses antike, fast angeborene Talent machte sich im Laufe der Zeit die Erfahrung der Jahrhunderte zunutze. Und heute haben die Urgroßenkel der Menschen, die die Armut zu bewältigen wussten, endlich dieses Erbe nachvollzogen und gehen Berufen nach, die dem Handwerk die außergewöhnliche Prägung des Chianti verleihen: Ein familiäres Handwerk, das die feine Kunst der Stickerei oder Stroharbeiten ausübt, oder Küchenutensilien aus Oliven- oder Kastanienholz kreiert.
Keramik und Terrakotta bilden jedoch die Schwerpunkte der lokalen handwerklichen Ökonomie. Terrakotta aus Impruneta und dem Chianti.
Terrakotta-Rot, das in der Florentiner Tradition intensive und harte, im Raum von Siena hingegen sanftere, abgetönte Nuancen annimmt, ist für jeden Florentiner, Sieneser und Bewohner des Chianti ein täglicher Bezugspunkt. Fußböden, Dachziegel, Krüge, Töpfe, Flachziegel – alle, von den

Die Florentiner Keramik

Aus der bedeutenden Tradition der Florentiner Töpferei entwickelten sich authentische "Schulen der Schönheit", die sich, vor allem ab dem 14. Jahrhundert, als Modell für Feinheit und Geschmack durchsetzten. Ende des 15. Jhs. beginnen die Keramiker in Montelupo herrliche Manufakte für die Medici und den Florentiner Adel zu kreieren: Krüge mit dreibuchtiger Öffnung, Becken, Teller mit in Kreisen eingeschlossenen Adelswappen und geometrischen rautenförmigen Figuren bemalt, die der Ornamentik der Renaissance-Schule entsprechen. Blau, grün und orange sind die dominierenden Farben. Später werden der durchaus hochwertigen Keramik-Manufaktur in Montelupo, die kunstvollen Arbeiten der sogenannten Schule von Cafaggiolo vorgezogen, wo eine Nebenlinie der Familie Medici in der gleichnamigen Villa eine auserlesene Sammlung wertvollen Porzellans begründete. Zahlreiche Exponate sind vom unvergleichlichen Türkis geprägt, das einen Großteil der hochwertigen Fertigung charakterisierte. Die Schule des Medici-Porzellans gilt als die erste des Abendlands.

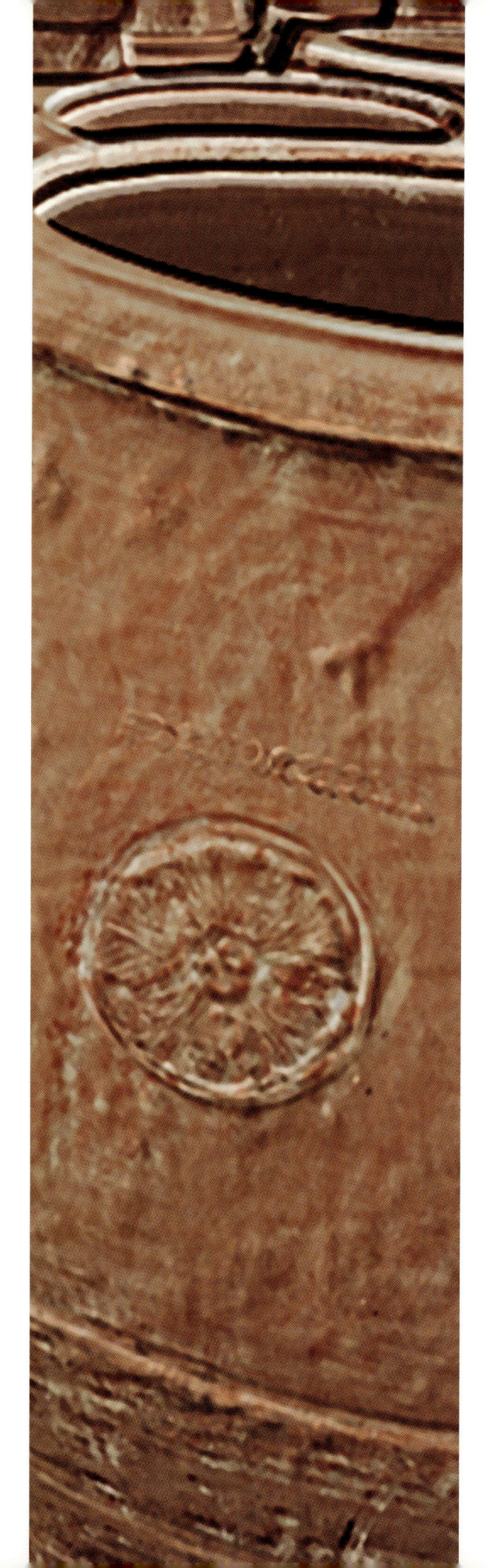

Angehörigen der Branche als Rund- und Kantenformen bezeichneten Gegenstände, zeigen überall in jedem Dorf, in jeder Stadt ihre doppelte, nützliche und dekorative Natur: In den Bodenbelägen vieler Florentiner und Sieneser Kirchen und Bibliotheken, und auf den Dächern der schönsten toskanischen Gebäude.

Es stellt sich die Frage, weshalb sich gerade in diesem Landstrich dieses heute so erfolgreiche Handwerk entwickelt hat. Die ersten Dokumente über die Verarbeitung von Tonerde stammen aus dem 11. Jh., als diese Tradition ihren Anfang findet, die in erster Linie in Impruneta, doch auch generell in der heute als Chianti bekannten geographischen Zone zu Hause ist.

Selbstverständlich existierte dieses Handwerk bereits seit langer Zeit. Die Tonbrenner waren anfänglich in die Zunft der Ärzte und Apotheker, später in die der Weinhändler eingeschrieben.

Im Jahr 1308 vereinen sich die Krugmacher (*orciaioli*) in Impruneta zu einer eigenen Gilde und beweisen so ihre bereits gefestigte Aktivität. Damals wurde Wein üblicherweise in Gefäßen aus Terrakotta serviert und Wein galt dort seit altersher als täglicher Tischgenosse.

Milo Melani: Ölkrüge, 1967.

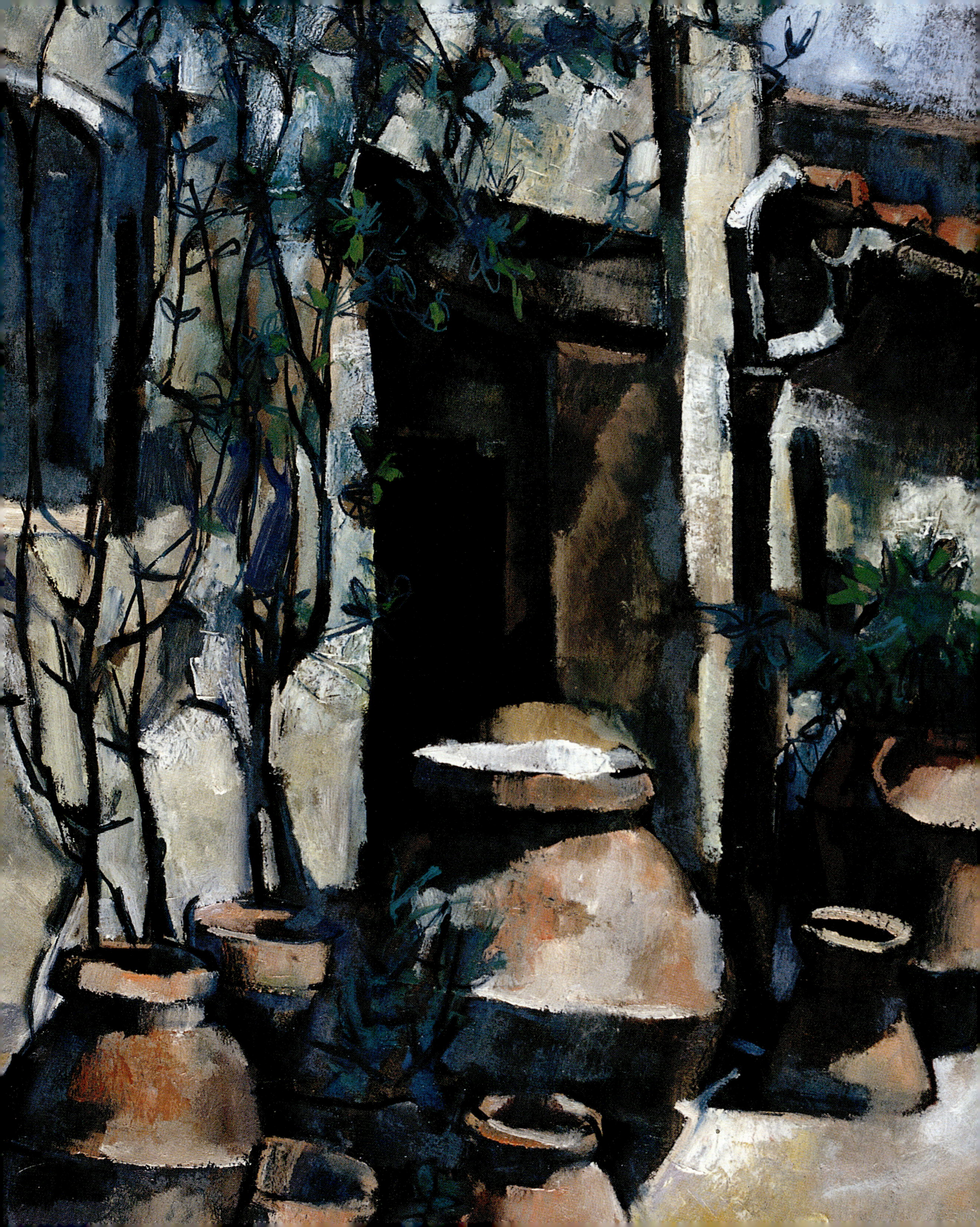

DIE REISE

Arbeiten wie dazumal

Überall im Chianti sind kleine, doch hochqualifizierte Handwerksbetriebe zu finden, die erstklassigen "Cotto" herstellen, wobei jedes Exemplar aufgrund der nahezu ausschließlich manuellen Fertigung zum Unikum wird. In dem von uns eingehend besichtigten Betrieb Campo al Sole bei Radda in Chianti, werden wie in den antiken Werkstätten, Rund- und Kantenformen für jeglichen Gebrauch gefertigt. Die Inhaber von Campo al Sole sind wahre Meister ihrer Kunst und werden häufig vom Landesdenkmalamt bei der Renovierung von Bodenbelägen und weiteren Arbeiten in antiken, historisch bedeutenden Gebäuden herangezogen.

Die Kunst, Ton zu brennen

Ohne jegliche Polemik möchte ich darauf hinweisen, dass die Grenzen des Chianti Classico vor allem aus "politischen" Gründen festgelegt wurden. Das war immer so. Aus jeder Auseinandersetzung geht ein Sieger hervor, der sich üblicherweise lautstark äußert und dazu neigt, der Umwelt seine eigenen Gesetze aufzuerlegen. Mit diesen pseudo-philosophischen Überlegungen meine ich, dass ein ähnliches Problem dazu führte, dass Impruneta aus der prestigereichen Route eines der weltweit beliebtesten Weine ausgegrenzt wurde. Denn Impruneta liegt nur einen Steinwurf von der Zone des Chianti Classico entfernt. Dennoch besitzt dieser kleine Ort eine beachtliche Tradition, und konnte im Laufe der Jahrhunderte einen eigenen Markennamen aufwerten. Die Ziegelbrennereien gelten seit Jahrhunderten als die besten schlechthin und ihre Manufakte sind als "Cotto aus Impruneta" bekannt, fast als ob Substantiv und Ortsname zu einem einzigen Begriff verschmelzen würden, der darauf hinweist, dass Cotto eben aus Impruneta stammen muß, oder andernfalls nicht als Cotto bezeichnet werden kann.

Aber Impruneta lebt nicht von Cotto allein. Auch Wein spielt eine bedeutende Rolle und wird am letzten September-Sonntag mit der *Festa dell'Uva*, einem der ersten Weinfeste überhaupt, gebührend gefeiert. Anlässlich dieser Veranstaltung ziehen die Bewohner der vier Ortsteile Imprunetas auf allegorischen, mit den Symbolen des Weins geschmückten Karren durch die Straßen und wenig später, in der Woche in die der 18. Oktober fällt, feiert Impruneta dann seinen Schutzheiligen mit dem San Luca-Fest, das fast so alt wie der Ort selbst ist: Heitere und fröhliche Anlässe, die die Verbundenheit zu eigenen, mit Sorgfalt gepflegten und über Generationen überlieferten Traditionen aufzeigen. Fest der Transhumanz und Viehmarkt, doch auch Fest des Weins und des Landlebens. Die zahlreiche Besucher anlockende Veranstaltung scheint aus der Antike zu stammen: Gauklerspiele auf dem Dorfplatz, Pferderennen und große Abendessen unter freiem Himmel. Bereits in der ersten Hälfte des 17. Jhs. verewigte der geniale Künstler Jacques Callot, der 1612 nach Florenz gekommen war, um die schwierige Gravierkunst zu verfeinern und auch für die Medici Aufträge ausführte, diese Feier in einer seit langem von Sammlern aus aller Welt begehrten Grafik, in der die fröhliche Stimmung des ländlichen Festes Ausdruck findet: Sie zeigt dieselben Karren und die Atmosphäre ausgelassener Heiterkeit, die auch die heutigen Kirmessen belebt.

Holz- und Strohhandwerk

Körbe verschiedener Formen und Verwendung türmen sich vor dem Eingang eines schönen Ladens mitten im Chianti: Die Bottega dell`Artigianato befindet sich seit jeher an der Schmalseite des Hauptplatzes in Greve. Bäuerliche, mit Kastanienholz verstärkte Weidenkörbe, Gebrauchsgegenstände aus knotigem Olivenholz für die Küche, kleine Arbeiten aus getrocknetem und geflochtenem Stroh, die der großen Florentiner Tradition der "Paglia di Firenze" ('Florentiner Stroh') angehören. Diese rief Ende des 19. Jhs. bis Anfang des 20. Jhs. ein äußerst erfolgreiches Handwerk ins Leben, das um Florenz und auch im Chianti ausgeführt wurde. Das Kunsthandwerk wird mittlerweile von Serienproduktionen verdrängt, doch vereinzelt weiterhin liebevoll gepflegt.

Der letzte Fassbinder

"Silvano? Sie möchten wissen, wo Silvano arbeitet? Fahren Sie aus Greve raus und nehmen dann die Abzweigung nach Lamole. Dort sehen Sie eine große Werkhalle und einen Hof voller Fässer. Dort "versteckt" sich Silvano". Eine geräumige Lagerhalle mit einer Unmenge Holz. Ganz hinten arbeitet Silvano Batisti, der letzte Fassbinder des Chianti. Ein Überlebender, oder besser gesagt, der Epigone einer einfachen, doch wertvollen Handwerkskunst. Einfach und zugleich schwierig. Silvano weiß Fässer zu binden und zu reparieren, auch wenn er sich angeblich nunmehr auf letzteres beschränkt. Sein Handwerk, das er bereits als junger Bursche erlernte, hat er dann ein Leben lang ausgeübt und perfektioniert. Ihm mag der Stellenwert eines "erhabeneren" Maestros fehlen, der das Tafelbild eines primitiven Malers restauriert, doch kann man ihn nur bewundern, wie er mit ungebrochener großer Leidenschaft ans Werk geht, obwohl er bereits androht, sich zurückzuziehen. Auf seinen Großvater folgte sein Vater, dann er. Nach ihm kommt niemand mehr. "In ein paar Jahren werde ich mich ausruhen. Diese Arbeit geht mit mir zu Ende. Meine Söhne wollen nicht weitermachen". Mit seinen starken, kräftigen Armen wirbelt Batisti die beiden langen Hämmer wie ein Gladiator aus der Antike, während er eine Fassdaube restauriert. Batisti, der Nase, Geschmack und Sinne am noblen Nektar Wein geschult hat, verteidigt die Tradition seines antiken Berufs und zeigt sich gegenüber Gebinden aus anderen Materialien perplex. Als Liebhaber nimmt er sich die Freiheit ("schreiben Sie aber bitte keinesfalls, ich wäre ein Experte"), sich gegen Behälter aus Glasfaserkunststoff zu äußern, die heute viele Betriebe verwenden. "Alle Holzarten geben einen Teil ihres Lebens an den Wein ab. Fässer aus synthetischen Materialien haben hingegen nichts zu übermitteln. Und Wein ist doch ein Produkt, das lebt". Trotz Batistis einfacher Natur, haben seine Worte für uns einen bewegend rein poetischen Klang. In seinem anschließenden Diskurs über den Chianti Classico-Wein, gibt er zu verstehen, dass er sich nicht weiter über die Entscheidungen einiger Produzenten äußern möchte, "auch wenn ich instinktiv möglichst unsere bodenständigen Erzeugnisse aufwerten würde, anstatt diesen "ausländische" Rebsorten einzupflanzen. Chianti wird aus viel Sangiovese und etwas Canaiolo gemacht." Wer hören will ...

Nach der Manier von Maniera

Das schöne Geschäft Maniera ist mehr als ein Laden, vielmehr eine große Werkstätte zahlreicher Meister, die nicht vor Ort arbeiten, doch hier zusammenfinden und ihr hochwertiges Handwerk ausstellen. Fast als ob sie sich in einem fairen, doch ernsten Wettspiel, aus dem nicht notwendigerweise ein Sieger hervorgehen muss, miteinander messen und an die Ursprünge der bedeutenden toskanischen Handwerkstradition erinnern wollten. Auch heute noch inspirieren sich die Formen an den antiken Werkstätten der Handwerker und scheinen darauf hinzuweisen, dass Zeit, Methoden und Geschmacksveränderungen keine Rolle spielen, wenn das Resultat langfristig Gültigkeit beweist. Auch heute noch wirkt ein dekorativer Teller aus Travertin äußerst aktuell, der mit der gleichen manuellen Geschicklichkeit wie vor 1000 Jahren angefertigt wurde, ebenso wie eine elegante Keramik mit archaischen Stilelementen oder ein gänzlich handgefertigtes Bettgestell aus Schmiedeeisen.

Daniela Tozzi Ryan, die aus einer eingesessenen Sieneser Familie stammt und sich als "Toskanerin aus Siena" bezeichnet, um so ausdrücklich und stolz ihre Ursprünge zu unterstreichen, hatte eine phantastische Idee. Von der großen Leidenschaft für Handgearbeitetes ausgehend, entwickelt sich das Bedürfnis, neue, wenngleich stets in der Tradition verankerte Wege zu suchen, die sich vom üblichen Angebot und dem Déjà-vu-Erlebnis absondern. Nicht Originalität um jeden Preis, sondern zur Würdigung des wirklich Geliebten. Dafür genügt auch ein ausgefallener und exklusiver Laden nicht. Also richtet Daniela einen großen Showroom für eine permanente Exposition ein, in dem die Verkaufsobjekte ausgestellt und nach und nach mit Manufakten ähnlicher Natur ersetzt werden, was nie die gleichen Objekte bedeutet, da sie von einigen der besten toskanischen Handwerker gemeißelt, gehobelt, geschmiedet, genäht oder gedrechselt wurden, die sich entgegen dem heutigen Zeitgeist, der Arbeit mit den gleichen Methoden und der selben Fügsamkeit wie ihre antiken Vorbilder widmen. Wunderliche Leute, diese Meister des Handwerks, die sich der fortschreitenden Technologie nicht unterstellen; Sonderlinge, diese geduldigen Spezialisten für Holz, Eisen, Stein und Keramik! Glücklicherweise widersetzt sich ihre "verschrobene" Einstellung jeglicher Versuchung, da nur dank ihrer oft mit Kunst vergleichbaren Berufe, Kultur lebendig bleiben kann. Da all diese wertvolle Materie adäquaten Raum benötigt, wird ein weiterer Traum zur konkreten Initiative: Dort, wo einst die alte Ziegelbrennerei des nahen Castello di Meleto stand, wird den antike Bauplänen und dem mittelalterlichen Formen- und Stilkanon folgend, ein geräumiges Gebäude rekonstruiert. Die schwierige Aufgabe wurde dem Architekten Spartaco Mori anvertraut, der aufgrund seines Könnens und seiner Erfahrung im Chianti für zahlreiche Renovierungsarbeiten geschätzt wird. Das Ergebnis, im Territorium ein Unikum, ist dieses einzigartige Steingebäude, das größte und kunstvollste ‚Manufakt', das bei Maniera zur Schau, doch nicht zum Verkauf steht.

Eine Laden... Ausstellung

Keramikteller, wertvolle Tischwäsche, hochwertige Stickereien, Tontöpfe, Holzschalen, rustikale smaragdgrüne Glaskaraffen, Brokat, Gläser und Krüge, Betten und Stühle aus handgeschmiedetem Eisen... dieses weitläufige und evokative Ambiente birgt bestes toskanisches Kunsthandwerk.

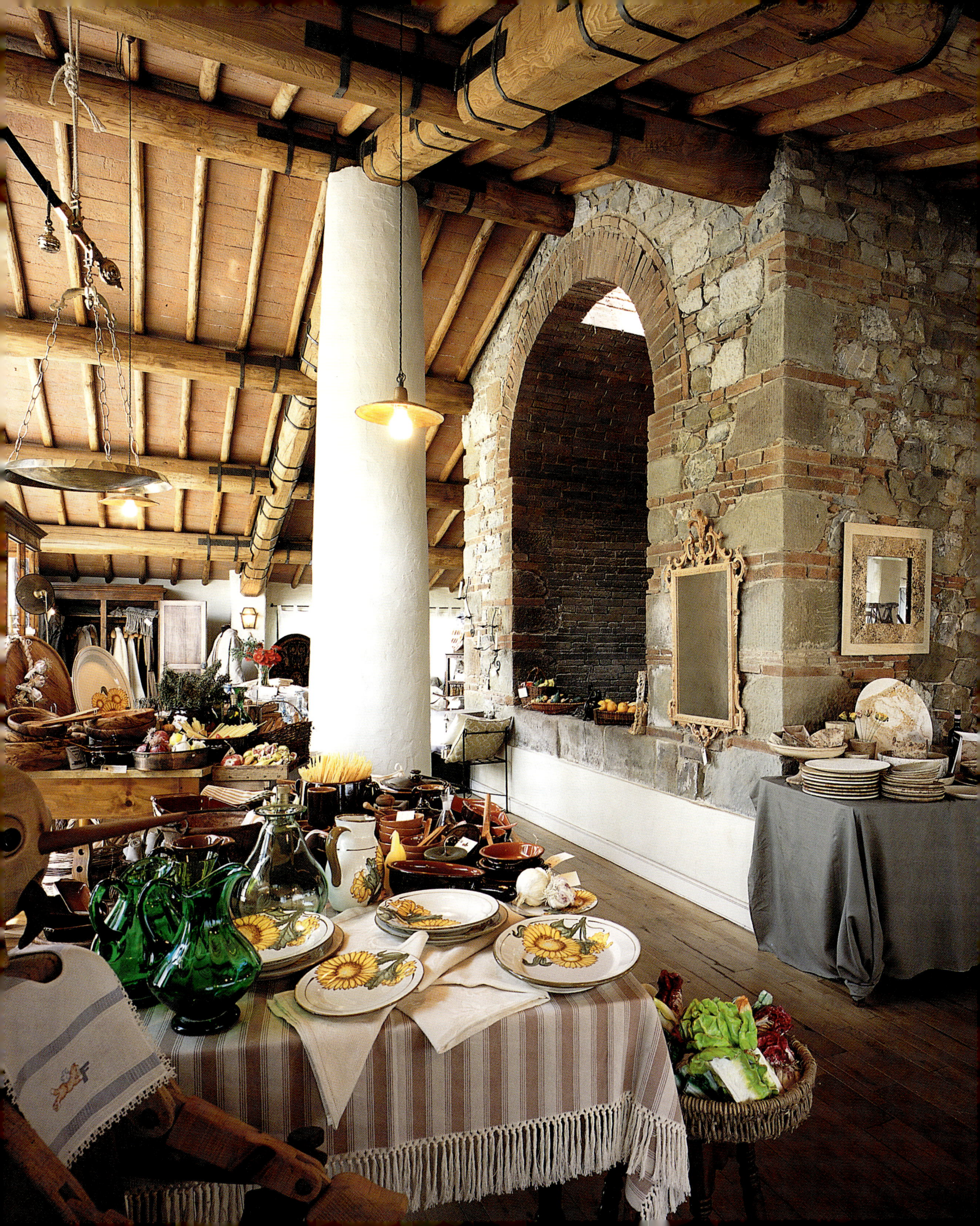

DI L

jitlie

ATELIER
ECORAZIONE

Julia oder "von der Suche nach dem Schönen"

Alle nennen Julia beim Vornamen. Ihr Nachname ist Scartozzoni, doch sie ist einfach nur Julia, denn sie sieht sich als Freundin ihrer selbst und der ganzen Welt. Eines Tages begann Julia zu malen. Als ihr das nicht mehr genügte, widmete sie sich der Renovierung von Interieurs und schuf so eine Aktivität, die nicht in den Rahmen eines traditionellen Berufes passt, sondern ihre eigenen kreativen und fantasievollen Stimuli umsetzt. So kann auch ihre Vielseitigkeit nicht verwundern - als Kunsthandwerkerin, die Stoffe und wertvolle Tücher meist mit floralen Motiven effektvoll bemalt; dann wieder mit dem Skizzenblock, um erste Ideen für Inneneinrichtungen festzuhalten. Julia ist Designerin: Eine Frau mit ausgefallenem Geschmack und vielseitiger Persönlichkeit. Vor einigen Jahren wirkte sie noch als talentierte Chefköchin – auch in diesem Bereich kam ihre wissbegierige und fantasievolle Natur zur Entfaltung, die ihr erlaubte, traditionellen toskanischen Gerichten jedesmals einen persönlichen, besonderen Touch aufzuprägen.

Ihr kleines schmuckes Landhaus im kleinen Weiler Borgo Argenino bei Monti in Chianti ist das schönste Geschenk, das sie sich selbst machen konnte. Ein Ort, der vom Geschmack einer Frau beseelt ist, die ihre eigene expansive Vitalität in farbenfrohem und erfülltem Stil darstellt. Ihr Atelier, das in der alten Scheune eingerichtet wurde, ist hingegen essenziell gestaltet. Ihren Gästen wird durch die warme, heimelige und durchaus kokette Inneneinrichtung ihre weibliche Note deutlich vermittelt. In ihrem Atelier versucht sie sich selbst zurückzustellen und für Eindrücke offen zu sein. Es wird klar, dass sich Julia im Atelier, an ihrem großen Tisch, vor den Tuben mit Akrylfarben und der Terrasse mit einer Fensterfront, die den Blick auf die Chianti-Landschaft freilegt, beim Bemalen der Stoffe oder bei der Planung von Innenausstattungen für Landhäuser selbst realisiert. Sie besitzt die Fähigkeit, ihr noch Unbekanntes, doch bereits in ihr Schlummerndes lebendig und unvergänglich aufzunehmen – genauso wie sie ihr aktives Leben führt.

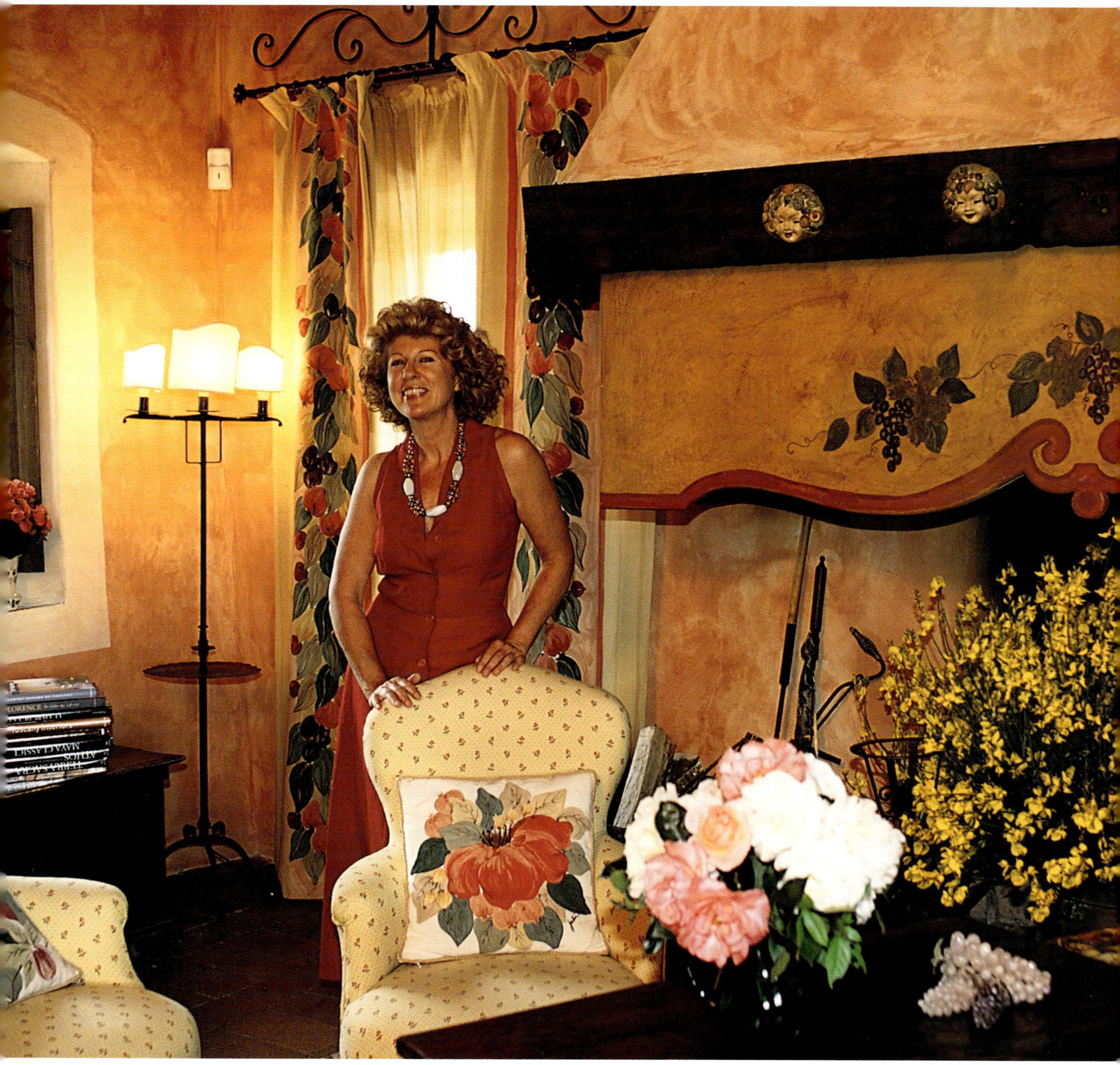

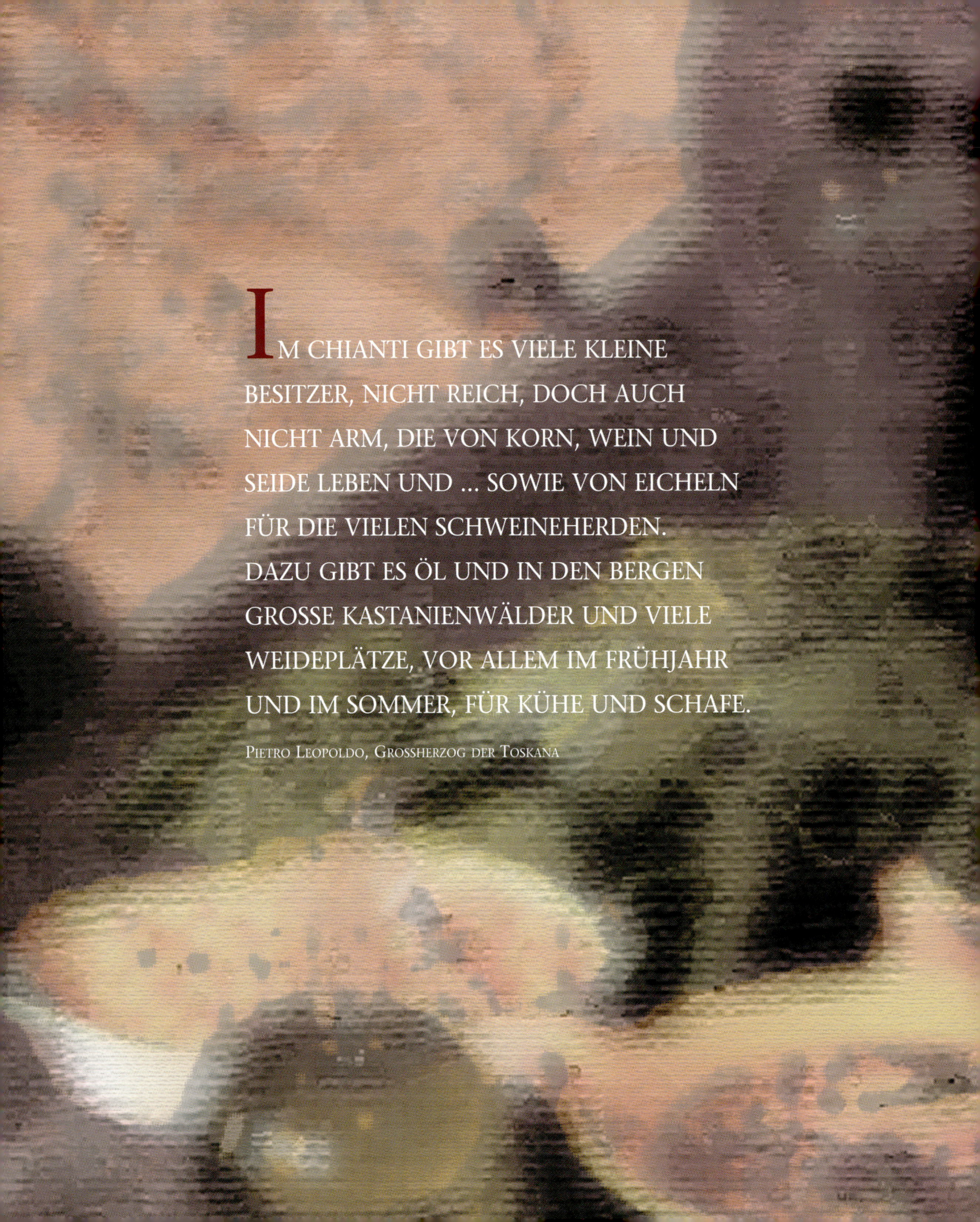

Im Chianti gibt es viele kleine
Besitzer, nicht reich, doch auch
nicht arm, die von Korn, Wein und
Seide leben und ... sowie von Eicheln
für die vielen Schweineherden.
Dazu gibt es Öl und in den Bergen
grosse Kastanienwälder und viele
Weideplätze, vor allem im Frühjahr
und im Sommer, für Kühe und Schafe.

Pietro Leopoldo, Grossherzog der Toskana

DIE KUNST EINER 'CUCINA POVERA'
ESSEN À LA CHIANTIGIANA

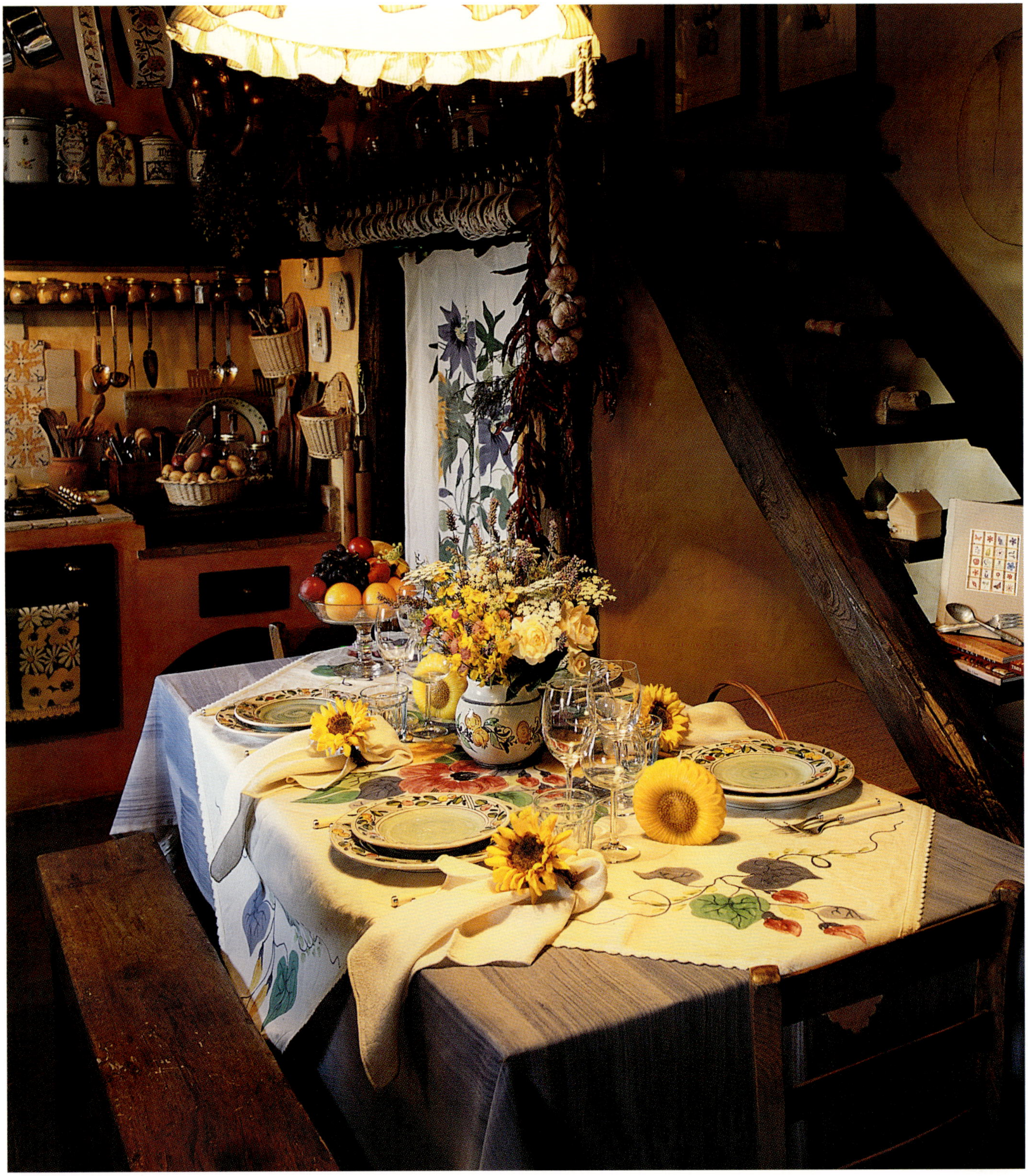

ESSEN
À LA CHIANTIGIANA

Als ausreichendes Essen keine Gewissheit, sondern eine Seltenheit war, entwickelte sich ein kunstvolles Talent, die kargen Reste der Tafel in neue Gerichte zu verwandeln. Auf diese Weise kam man zwei Pflichten nach, die zum einen die Wiederverwertung aller Übrigbleibsel dessen verlangten, was durch harte Arbeit erzeugt worden war, und darüberhinaus Gottes Gebot befolgten, das keine auch noch so unbedeutende Verschwendung der Gaben der Natur tolerierte. Man kann daher die Armut als den wahren kreativen Meister jeder Küche bezeichnen, die die Not zur Tugend machen musste. Auch im Chianti entwickelte sich die Kulinarik aus der Notwendigkeit, knappe finanzielle Ressourcen mit dem natürlichen Bedürfnis in Einklang zu bringen, dem Geruchs- und Geschmackssinn, aber auch jener vagen Entität, die wir Seele nennen, ein befriedigendes Erlebnis zu bieten.

Heute hat sich natürlich viel verändert, doch die Tradition einfacher Gerichte lebt weiter und wird von den heimischen Hausfrauen, oder wenigstenst von jenen gepflegt, die trotz ihrer Einbindung in eine sich rasch verändernde Gesellschaft, das breitbandige Repertoire dieser Esskultur, und damit die Traditionen und Gebräuche einer jeden zivilisierten Gesellschaft wahren möchten, die es verdient, als solche bezeichnet zu werden.

In einem von den Bewohnern des Chianti aufgestellten Wunsch-Menu würden wir zweifellos mit unvergesslichen, dickflüssigen Minestroni verwöhnt werden, die bei schwacher Hitze mit etwas *battuto* (gehacktes Würzgemüse) und viel Erfahrung zubereitet werden; sowie mit einer köstlichen Auswahl an verschiedenen Suppen, als deren Königin unbestreitbar die berühmte "Ribollita" gilt, die am nächsten Tag aufgewärmt noch besser schmeckt; oder mit einer schmackhaften, nach Basilikum, Knoblauch und Tomaten duftenden "Pappa al pomodoro". Das bäuerliche Gericht schlechthin, "Panzanella", entsteht aus hartem Brot der Vortage, das aufgeweicht, ausgedrückt und mit Salz, Basilikum, Zwiebeln und Tomaten vermischt, eine unglaublich einfache, geschmacklich überraschende Speise ergibt, die bis heute auf gleiche Weise zubereitet wird, auch wenn mitunter andere Gemüse hinzugefügt werden, gleichsam als Bestätigung dafür, dass die Zeiten großer Not überwunden sind. Grundlage all dieser Gerichte ist das salzlose toskanische Brot in länglichen oder runden, möglichst im Holzofen gebackenen Laiben, das immer schmeckt, doch noch besser am zweiten Tag zur Geltung kommt, wenn sich alle Geschmacksfacetten entwickeln, so wie ein körperreicher Wein, den man zur Entfaltung seiner Persönlichkeit, einige Stunden vor dem Trinkgenuss entkorkt und atmen lässt. Für die "Fettunta" werden Brotscheiben im Kaminfeuer geröstet, noch warm mit Knoblauch eingerieben und mit Olivenöl beträufelt, wodurch sich das an sich schale Brot als Geschmacksträger in eine wahre Köstlichkeit verwandelt.

Die lokalen Wurstwaren gelten als die besten Italiens. Fleischgerichte, obwohl nicht übermäßig zahlreich, bilden den Mittelpunkt jeder respektablen Küche. Man hat eine reiche Auswahl zwischen Rind-, Schweine- und Schafsfleisch, das sich auf dem Grill, im heißen Ofen oder auf dem Herd in unvergessliche Köstlichkeiten verwandelt.

DIE REISE

Wahrung eines familiären Küchenstils

Auf dieser Reise machten wir an einigen bekannten Restaurants Halt, die uns empfohlen wurden, doch dazu finden Sie spezifische Hinweise am Ende dieses Kapitels. Wir wollen uns keinesfalls zum Richter aufspielen und zustimmende oder ablehnende Urteile sprechen, sondern versuchen, unseren persönlichen Eindruck zu vermitteln, der als subjektive Meinung aufgefasst werden soll.

Nach diesem Präambel ist man versucht zu sagen, dass das Essen im Chianti nicht überall dem Stellenwert dieses Erdfleckens entspricht. In den letzten Jahren erfuhr der Restaurantbereich einen starken, vermutlich sogar übermäßigen Zuwachs. Wer echte Lokalküche entdecken möchte, sollte kleine, familiengeführte Trattorien aufsuchen, die besser als "Raststätten mit Küche" definiert sind. Dort wird nicht auf Etikette geachtet und in diesem Ambiente würde niemand auch nur zu denken wagen, im Namen einer 'künstlerisch kreativen Inspiration' etwas an den Gerichten der Urahnen zu verändern.

Dies gilt für *La Bottega di Volpaia*, ein kleines Lokal mit wenigen Tischen und anheimelnder Atmosphäre, doch ohne steife Etikette. Die Köchin serviert allen, die hier essen möchten, das gleiche Gericht aus dem selben Topf, in dem sie auch für sich selbst und die Familie kocht. Am Herd stehen Carla und Gina Barucci, die im Weiler Volpaia geboren sind und ihr Leben hier verbringen werden.

"Ich habe meinen Magen mit gutem Essen gefüllt", sagt eine junge Amerikanerin zufrieden, während sie bei der Besitzerin des Lokals zahlt, und fügt, während ihre Freundin beipflichtend nickt, hinzu: "Ja, wirklich ein gutes Essen". Eine antike Florentiner Redewendung, die volkstümliche Weisheit beweist, würde bei der Gelegenheit präzisieren, dass das Essen "auf den Magen" (*sullo stomaco*) und nicht "in den Magen" gegeben wurde, womit vorübergehendes Wohlbefinden und angenehmes Sattsein deutlich zum Ausdruck kommt. Wir stehen neben den Touristinnen und werfen verstohlen einen Blick auf die Rechnung, um zu erfahren, dass das "gute Essen" eine Ribollita war, die man hier wahrhaft gekonnt zubereitet. Die gleichen guten Erfahrungen kann man in ähnlichen 'Lebensmittelläden mit Küche' machen, die hier und dort zu finden sind und eine angenehme Alternative zu eleganteren Restaurants darstellen.

Die Herrinnen anderer Gastroszenen

Wer könnte die Kunst der Gastlichkeit besser beherrschen als die Frau, der diese Gabe sozusagen angeboren ist? Auf der Reise durch den Chianti fällt auf, dass sich viele Frauen, vor allem im Gastgewerbe, selbständig gemacht haben. Doch duldet weibliche Energie bekanntlich keine Fessel und so haben einige Damen einen erfolgreichen Cocktail aus Fantasie, Instinkt, "gesundem" Realismus und Leidenschaft gemixt, und die Kunst der Gastronomie mit der Kunst gehobener Gastlichkeit professionell vereint. Einige Besitzerinnen bedeutender historischer Anwesen sind als "Lehrmeisterinnen" der Kochkunst aktiv und organisieren auf ihren antiken und gastfreundlichen Besitztümern, mehrere Tage dauernde Privatkurse – ein echter kulinarischer Kunstunterricht. Zwischen den Lektionen erforschen die Teilnehmer wie in einem liberalen englischen College für Erwachsene den Chianti, versuchen sich am Herd, lernen die Geheimnisse ihrer Meisterinnen, um dann zufrieden nach Hause zurückzukehren und ihre neu erworbenen Kenntnisse sogleich umzusetzen.

Die Falornis

Die 'Antica Macelleria Falorni' existiert seit ihrer Gründung gegen Ende des 18. Jahrhunderts stets in den gleichen Lokalen unter den Arkaden und genießt internationalen Ruf für die Spitzenqualität ihrer Fleisch- und Wurstprodukte.

Die 'Meistermetzger' des Chianti

Die Kunst der Fleischerei genießt im Chianti höchstes Ansehen und jede Ortschaft ist stolz auf ihren 'Metzgermeister'. Besondere Beliebtheit unter den vielen Lokalspezialitäten genießen wegen des unnachahmlichen Aromas und dem besonders ausgeprägten Geschmack Schinken und Würste aus dem Fleisch der Schweinerasse 'Cinta Senese'.

Der "Meistermetzger" von Panzano

Jeder Zweifel soll ausgeräumt werden: Auch wenn es im Chianti vorzügliche, sogar hervorragende Fleischer gibt, bedeutet dies nicht, dass anderswo keine Meister ihres Fachs tätig sind. Soviel, um all jenen gerecht zu werden, die nicht denselben Standortvorteil genießen.

Der Chianti ist ein nobler Boden, der sein hohes Ansehen verdient, und auch von Glück gesegnet, da mittlerweile jeder neuen Initiative sofort Exklusivstatus zugesprochen wird, wie es für alle im Trend liegende Orte typisch ist. Wir betreten eine berühmte *macelleria*: Der "Meister" – der Fleischer also – zeigt sich irritiert gegenüber einer BBC-Troupe, die gebeten hatte, ihn filmen zu dürfen. Doch der *Maestro* liebt keine Überraschungen: "Wenn ihr mich anruft, treffen wir eine Verabredung und ich stehe euch zur Verfügung. So aber komme ich mir wie ein Tier im Käfig vor." Tja, so ist es. Die Toskaner haben ein ungeduldiges Temperament, doch häufig klare Vorstellungen. Da wir zweifelsohne mit einem ähnlichen Empfang rechnen können, erklären wir den Grund unseres Besuchs und bekommen einen Termin für den nächsten Tag. Zwischen Lendenstücken und Würsten, Speck und pfannenfertig gewürzten Klößchen, dreht sich Dario Cecchini, Jünger der Nahrung und der Kunst, um seinen Planeten und fegt wie ein Tornado alles von hinnen, um die Aufmerksamkeit gänzlich auf sich zu ziehen. Dario bedient eine ältere Dame von nebenan, die ihn vermutlich bereits als Kind gekannt hat, ebenfalls Meisterin der Ironie ist und ihn in ein witziges Wortgefecht verwickelt, während er gleichzeitig eine telefonische Auseinandersetzung führt und sein Blick den Zweifel eines neuen Kunden wahrnimmt, dem er auf seine stumme Frage antwortet, ohne ihm die Gelegenheit zu geben, sich zu äußern. Als wir an der Reihe sind, erleben wir Dario als

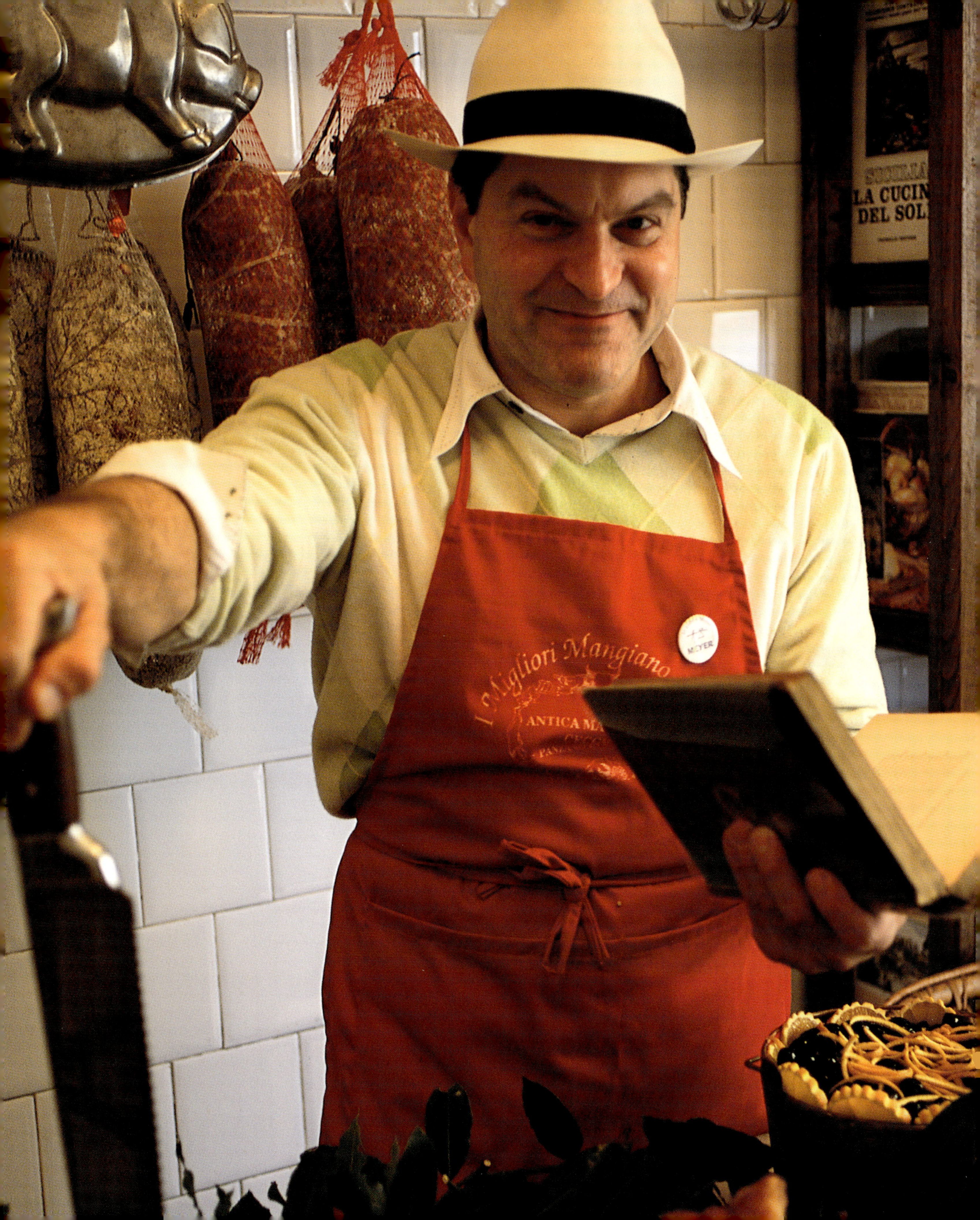
I Migliori Mangiano
MEYER

**Pecorino 'chiantigiano',
oder vielmehr 'toscano'**

Bereits Plinius zitiert in seiner Historia Naturalis *den toskanischen Pecorino als eine Köstlichkeit, obwohl er sich dabei auf ein Produkt aus Luni bezog. Dieser Schafskäse etruskischen Ursprungs repräsentiert seit mehr als zwei Jahrtausenden eines der typischesten Erzeugnisse der toskanischen Gastronomie. 1986 wurde die kontrollierte (DOC), 1996 die garantierte Ursprungsbezeichnung (DOP) eingeführt; heute kontrolliert ein gleichnamiges Schutzkonsortium die Produktion und nimmt auch die Imagepflege auf weltweiter Ebene wahr.*

erfahrenen Schauspieler. Er setzt einen Panamahut auf, nimmt ein eindrucksvolles Riesenmesser in die Hand und rezitiert mit Stentorenstimme und einem vom Zwerchfell aus vibrierenden Timbre, das an Schauspielschulen gelehrt wird, den XXXIII. Gesang aus dem *Inferno* von Dantes Göttlicher Komödie, die Episode mit dem Grafen Ugolino. Dario kennt alles auswendig – wie die toskanische Tradition vorschreibt. Er ist fast so gut wie Roberto Benigni, doch in den kleineren Orten der Toskana gibt es viele ähnliche Talente, die so ihren Stolz über die gleichen Wurzeln wie der große Dichter der *Divina Commedia* zur Sprache bringen.

Dario nimmt sich auch Zeit, über Kochkunst und kulinarische Traditionen zu dozieren, gibt ein paar Geheimnisse preis und verweist uns auf seine Webseite, die auch einige Rezepte enthält.

Die Piazza von Panzano ist klein, die Häuser ringsum atmen angenehme Stille aus. Wir haben mit Dario bereits Freundschaft geschlossen und unsere gemeinsame Leidenschaft für Musik entdeckt.

So wird die Stille einen Augenblick lang vom *Confutatis Maledictis* aus Mozarts Requiem unterbrochen, das unser neuer Freund zum Abschied mit voller Lautstärke erklingen lässt.

Die Musik löst in uns einen mitreissenden Effekt von Gemeinsamkeit aus. Doch werden wir nie erfahren, ob ein urplötzlich von diesen wie ein Gottesurteil donnernden Noten überraschtes Grüppchen vorbeischlendernder Touristen ähnliche Emotionen empfunden hat.

Schafe und Schafskäse

Ein anonymes Gebäude und ein handgeschriebenes Schild – aber mehrsprachig. *Vendita diretta formaggi tipici* – Cheese, Schafskäse (sic). Die einzige, einfache Selbstwerbung eines Schäfers, die man nicht nur im Chianti finden kann. Seine Herde weidet auf der Hügelkuppe, am Horizont reihen sich Zypressen.

Ein schmutzig weißer Knäuel zusammengedrängter Schafe, schlanke Zypressen, ein sonnenverwöhnter Horizont: Eine Imaginerie von irritierender Postkarten-Schönheit, auf die man jeden Tag trifft, doch ignoriert, da man die gewohnten Elemente als fast kitschig banal vorwegnimmt und ein Sich-Hinreissen-Lassen die Herabsetzung des Selbstwertgefühls bedeuten würde. Zum Glück hemmt kein Stolz unsere Sensibilität und wir genießen das Szenenbild. Der große toskanische Käse ist Protagonist dieser Chianti-Zone, die bis an die Stadttore Sienas reicht, und sich in Richtung der Kunststadt zunehmend für Schafweiden eignet. Der toskanische *Pecorino* wahrt trotz seiner vielschichtigen typischen Charakteristiken überall in der Region jene Aromen- und Geschmacksfacetten, die ihn als den zartesten aller italienischen Schafskäse ausweisen. Frisch angenehm mild, ausgereift geschmacksintensiver, doch stets ohne Schärfe, erreicht er seinen Höhepunkt in den Tälern der Flüsse Arbia und Orcia, wo uns die Stadt Pienza – dem Stolz eines Papstes entsprossenes und von einem genialen Architekten nachvollzogenes 'verrücktes' Renaissance-Projekt einer "Idealstadt" - mit ihrer andersartiger Schönheit und den besten toskanischen *Pecorino* erwartet.

Die Chianina-Rasse

Große, sanfte Augen, das porzellanweiße Fell unterstreicht die muskulöse Form, zeichnet kraftvolle Knochen und markige Sehnen ab. Sie zählen zu den größten Rindern der Welt und kamen aus weiter Ferne, als sie die Etrusker im 2. und 3. Jh. v.Ch. zum Bestellen der Felder einsetzten und sich von ihrem Fleisch ernährten. Die Rinder der Chianina-Rasse sind eines der klassischen Motive der Landschaftsmalerei der großen *Macchiaioli*-Meister, zu denen Giovanni Fattori gehört, die *en plein air*, auf den Feldern, in bürgerlichen Gärten und in Vorstädten malten und die Emotionen porträtierten, die ihnen die Wirklichkeit vermittelte. Vor mehr als einem Jahrhundert sah man weitaus mehr dieser großen, bedächtigen Rinder auf den Wiesen weiden als heute, deren Fleisch vor unbestimmter Zeit die noble Tradition der "Fiorentina" inspirierte, das vermutlich berühmteste Gericht der toskanischen Küche: Ein 3 bis 4 cm hohes Steak von mindestens 1 kg Gewicht, nur wenige Minuten ohne Salz und Öl gegrillt (es soll *saignant* bleiben), so dass sich der Eigengeschmack und die Aromen des Holzkohlenfeuers entfalten und verbinden können. Erst gegen Ende der Grillzeit wird das Fleisch gesalzen und je nach Geschmack mit rohem Olivenöl beträufelt.

Der ursprüngliche Name der *Bistecca Fiorentina* war "carbonata" (also eine Karbonade).

Der Zeitpunkt der linguistischen Variation ist schwer festzustellen, auch wenn es eine Anekdote dazu gibt: Florenz im 16. Jahrhundert. Die kleinen, an die Basilika San Lorenzo angrenzenden Sträßchen.

Ein zu Ehren des Namensheiligen, einer der Schutzpatrone von Florenz, veranstaltetes Volksfest. Am Spieß dreht sich ein gewaltiger Ochse, natürlich von der Chianina-Rasse. Aus der Menge tönt eine unbekannte Sprache: "Beef steak, please!".

Die Stimmen einiger englischer Händler, die von dem köstlichen Anblick angezogen sind. Da es zwischen Florentinern und Briten nie... böses Blut gab, wurde vermutlich in jener Zeit der alte Ausdruck "carbonata" langsam mit dem Äquivalent des angelsächsischen *Beefsteaks* ersetzt.

Ein Schwein, zum Malen schön

Ein kompetenter Freund führt uns ein Beispiel volkstümlicher Ethologie vor und erzählt mit gefühlvollen Worten über den großmütigen Charakter und das hervorragende Fleisch einer besonderen, halbwilden Schweinerasse, auf die man in Siena und im Chianti seit Jahrhunderten stolz ist, die "Cinta" (ein Term, der in verschiedenen toskanischen Dialekten die Bedeutung von "cintola" [Gürtel] oder "collare"

[Halsband] annimmt, da Schultern und Vorderbeine der dunkelborstigen Tiere ein schweinchenrosa Gürtel ziert), deren ursprüngliche "Reinrassigkeit" die wenigen Züchter mit derselben Aufmerksamkeit aufrecht erhalten, die die selbstbewussten Bewohner der Palio-Stadt den Bannern ihrer *Contraden* (Stadtviertel) widmen. Cinta-Schweine sind sehr viel leichtgewichtiger als die meisten ihrer Artgenossen und brauchen aufgrund ihrer rustikalen Natur viel Raum, um sich frei bewegen zu können. Ihre Schnauze erinnert an die langen, grimmigen Rüssel der Wildschweine, mit denen sie verwandt sind. Zur Freude der Gourmets ist das kernige, wildähnlich schmeckende Fleisch dieser antiken Rasse bestens für köstliche Gerichte, Schinken und Würste geeignet. Eines der Meisterwerke der toskanischen primitiven Kunst - der wunderbare, von Ambrogio Lorenzetti in der "Sala dei Novi" im Sienesischen Palazzo Pubblico zwischen 1337 und 1339 geschaffene Freskenzyklus "Gli Effetti del Buono e del Cattivo Governo" - zeigt ein Exemplar dieser "Gürtelschweine", das, mühevoll eine kleine Hürde bezwingend, hitzig von einem jungen Bauern verfolgt wird.

REZEPTVORSCHLÄGE

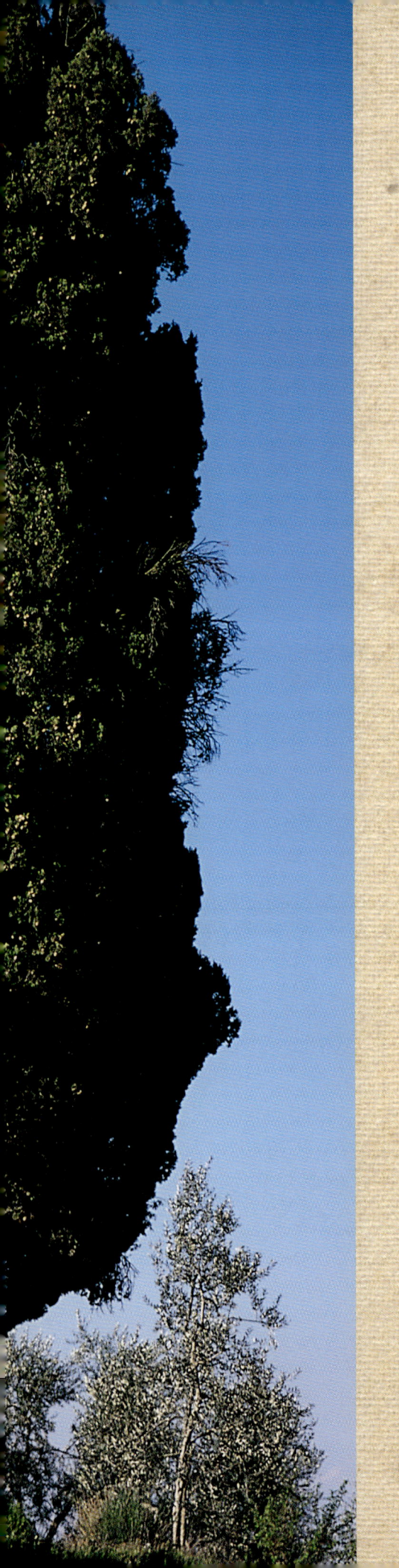

SALAT MIT RAVEGGIOLO UND RICOTTA

FRISCHE FRÜCHTE MIT ZUCCOTTO UND BAVAROISE

PANZANELLA

GESCHMORTES KANINCHEN

HAUSGEMACHTE BANDNUDELN

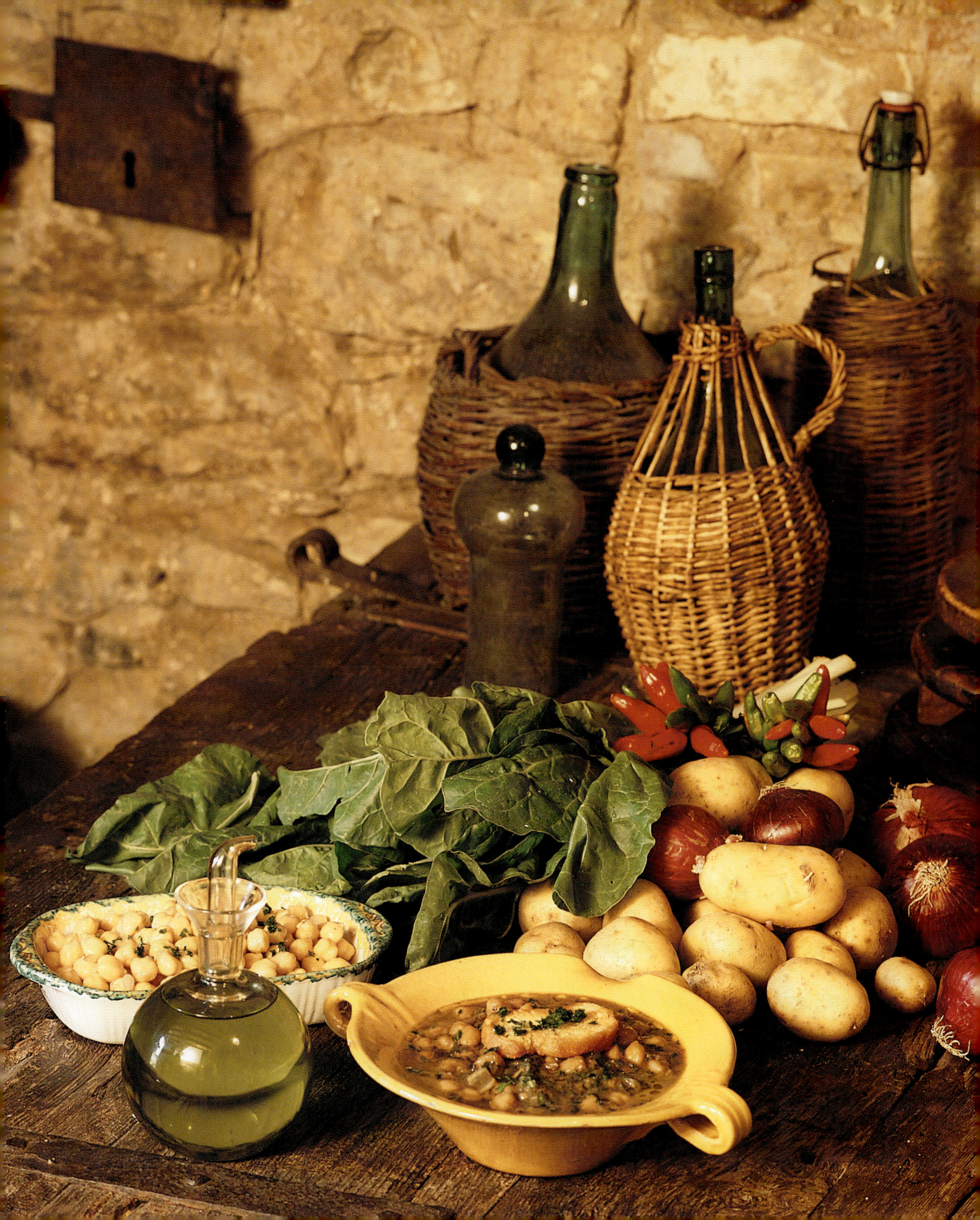

JULIAS REZEPTE

In einem anderen Abschnitt unserer Reise erzählen wir von Julia als Designer. Hier stellen wir sie in der Rolle als Hüterin des kulinarischen Erbes toskanischer Tradition vor.

Wir sind bei ihr zu Gast und speisen mit großem Vergnügen. Dann bitten wir sie um die Geheimrezepte für die soeben genossenen Köstlichkeiten, wozu Julia, die vormals auch ein renommiertes Restaurant geleitet hat, gerne bereit ist.

SALAT MIT RAVEGGIOLO UND RICOTTA

"Einfach in der Zubereitung, verlangt dieses Gericht wirklich frische Zutaten, von den Milchprodukten bis zum Gemüse.

Rucola und saisonfrischer kleinblättriger Salat werden vermischt und auf die Teller verteilt. In die Mitte einen kleinen Raveggiolo* betten, mit Kirschtomaten, Ricotta-Nöckchen und gehobelten rohen Zucchini-Streifen umkränzen und erst vor dem Auftragen mit Salz, etwas grob gemahlenem Pfeffer und nativem Olivenöl extra würzen."

* Raveggiolo, *ein buttrig zarter, milder Frischkäse von der Konsistenz eines stichfesten Joghurt, auch* Fior di latte *genannt, wird bei der Pecorino-Herstellung von der Käsemasse geschöpft, bevor sie gänzlich stockt.*

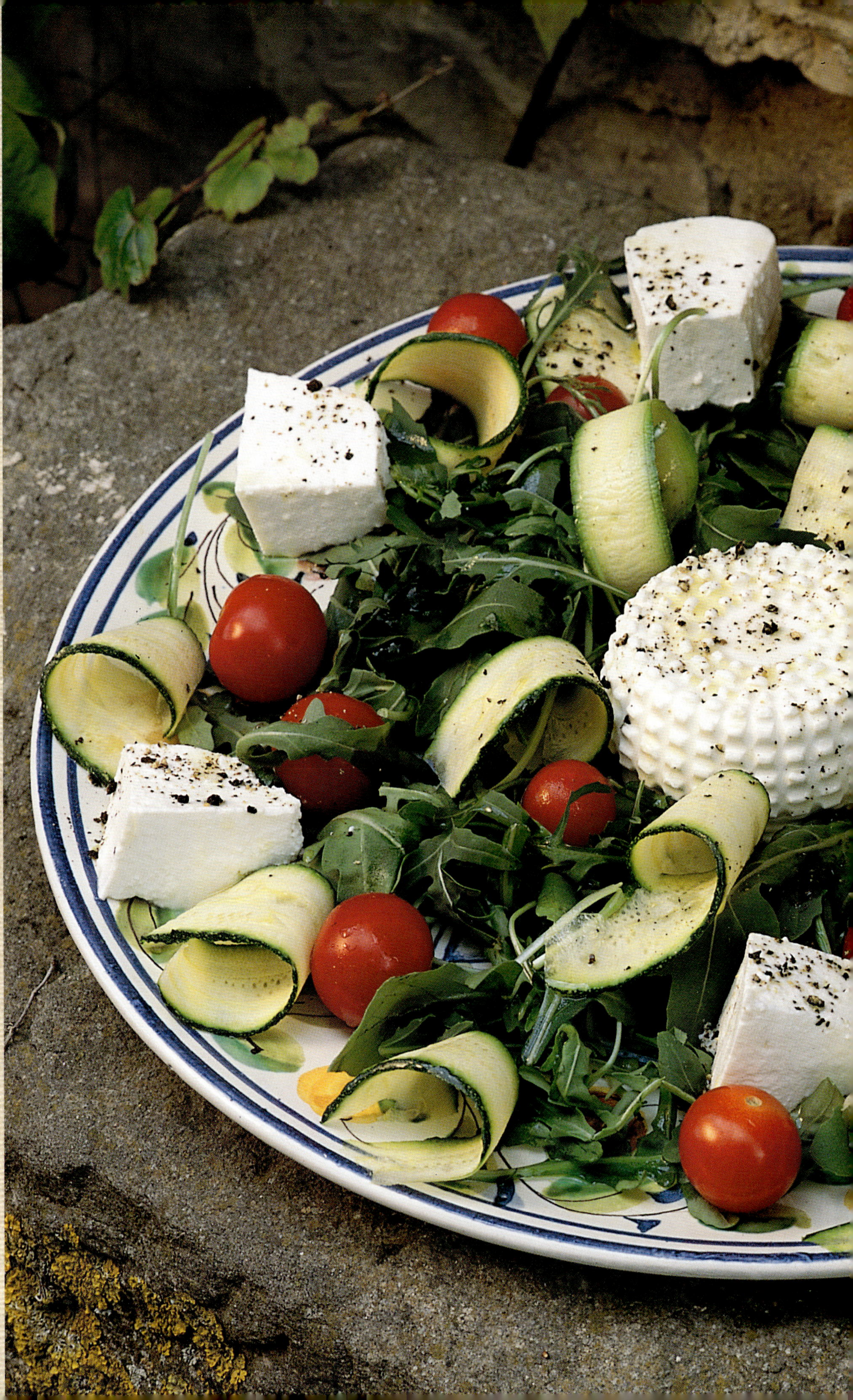

FRISCHE FRÜCHTE MIT ZUCCOTTO UND BAVAROISE

"Für die Zubereitung der Bavaroise sind Früchte der Saison vorzuziehen, am besten eignen sich Feigen, Erdbeeren, blaue Trauben, Pfirsiche, Pflaumen oder Kiwi - für 4 Portionen benötigt man insgesamt 250 Gramm.
Für 4 Portionsförmchen: 250 g Früchte, circa 125 g Zucker, eine halbe Zitrone, 2 Blätter Gelatine und 250 g flüssige Sahne. Die Früchte waschen, zerkleinern, im Mixer pürieren und mit dem Zucker und dem filtrierten Zitronensaft vermengen. Die Blattgelatine in kaltem Wasser einweichen, gut ausdrücken und auf kleinster Flamme auflösen. Inzwischen die Sahne montieren.
Zuerst die lauwarme aufgelöste Gelatine und danach die steife Sahne in das Fruchtmus einmelieren, die Masse in die Förmchen verteilen und mindestens 4 Stunden im Kühlschrank setzen lassen. Vor dem Auftragen die Förmchen kurz in heißes Wasser tauchen, stürzen und mit einigen der verwendeten Früchte ausgarnieren."

ZUCCOTTO

"Zutaten für den Zuccotto: 200 g fertiges Biskuit in dünnen Scheiben, 220 ml frische Sahne, 300 g Ricotta aus Kuhmilch, 50 g Fondentschokolade, 50 g Kanditen, 130 g Staubzucker, Bitterkakao, 100 ml Alchermes.
Die Sahne mit dem Zucker montieren und die Ricotta unterheben.
Die Masse in zwei gleiche Portionen teilen, eine mit dem Kakao, die andere mit den gehackten Kanditen und der zersplitterten Schokolade vermengen.
In einer Schüssel die Biskuitscheiben mit dem mit 3 EL Wasser vermischten Likör tränken und eine nicht zu große, glattwandige Halbkugelform damit auskleiden (die zum Abdecken nötige Menge beiseite stellen). Zuerst die helle und darauf die Kakaomasse einfüllen, zur Vermeidung von Luftlöchern leicht andrücken und mit dem restlichen Biskuit abdecken. Vor dem Servieren einige Stunden kalt stellen."

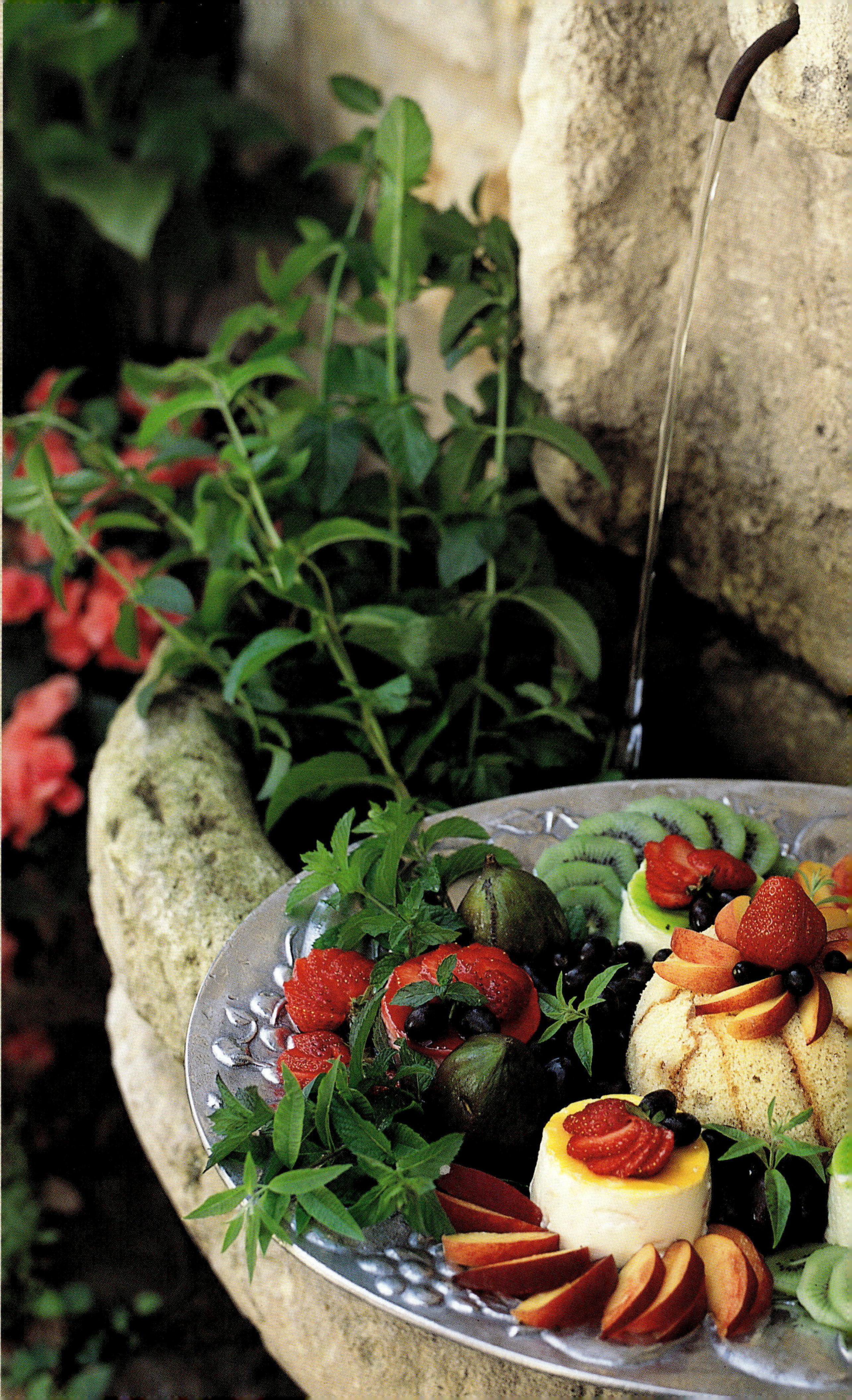

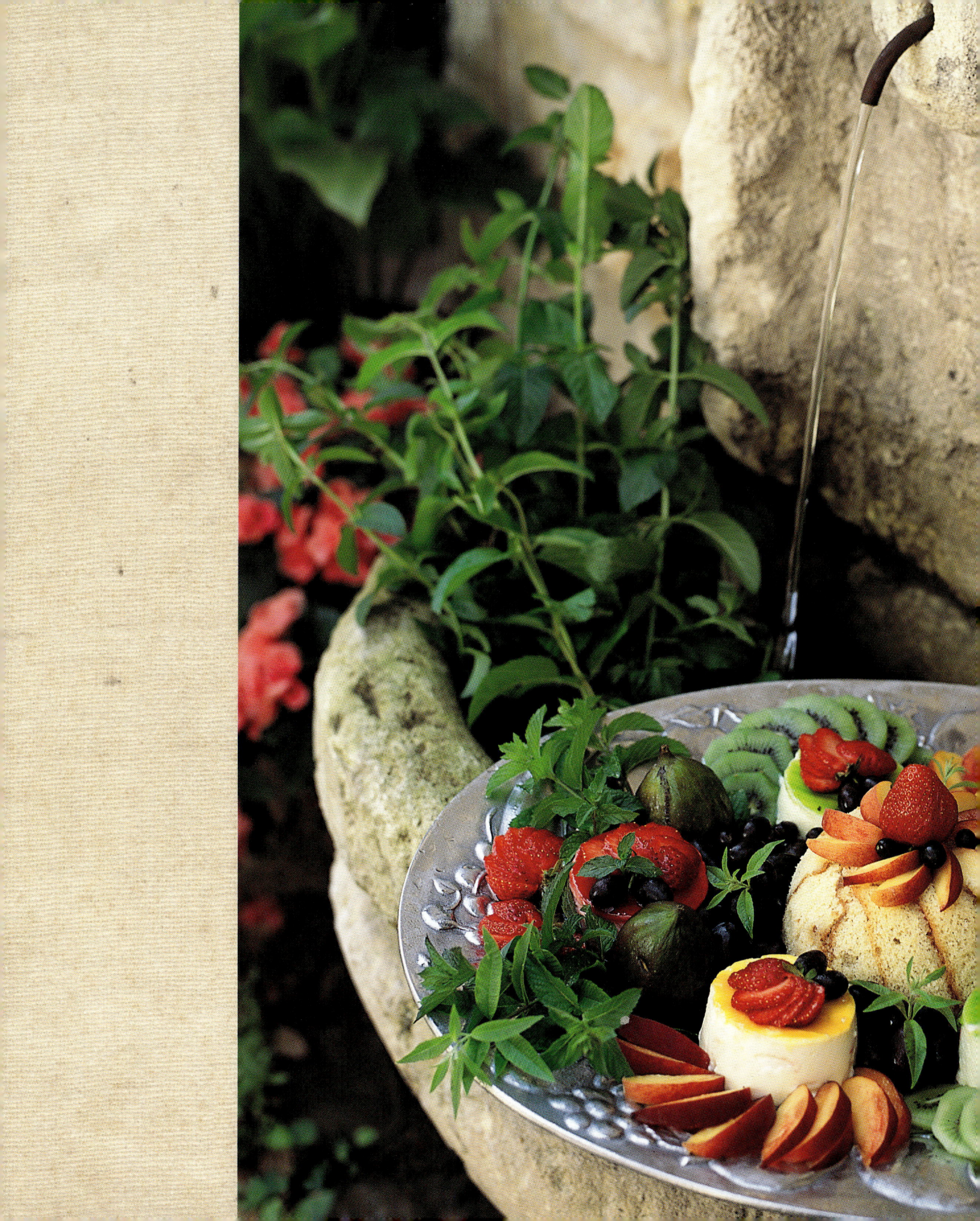

RITAS REZEPTE

Rita Marini ist eine junge Dame aus dem Chianti, die in der Küche die Tradition ihres Heimatbodens respektiert. Ihre hier vorgestellten ausgezeichneten Rezepte haben wir bei einem gemeinsamen Abendessen im Hause eines Freundes ausgeprobt.

PANZANELLA

"Die Panzanella, eine Erfindung der genügsamen Bauern zur Wiederverwertung von oft auch eine Woche altem Brot, ist ein erfrischendes, rasch zubereitetes Gericht für die Sommermonate. Obwohl das Rezept denkbar einfach ist, bereitet es bei sorgsamer Ausführung großen Genuss.

Für 4 Personen tränkt man 400 g altbackenes toskanisches Hausbrot in kaltem Wasser, drückt es dann (nicht allzu energisch) mit den Händen aus und zerpflückt es in eine Salatschüssel.

Nun kommen 2 in Spalten geteilte, reife rote Tomaten, 1 mittelgroße, fein gehobelte Gurke und eine mittelgroße, grob gehackte rote Zwiebel dazu, die man vorher etwa 15-20 Minuten in einigen EL rotem Weinessig mariniert hat. Zuletzt fügt man 6-7 zerpflückte Basilikumblätter bei, würzt mit Olivenöl, Essig und Salz und mischt den Brotsalat gründlich, bevor man ihn bis zum Servieren kühl stellt."

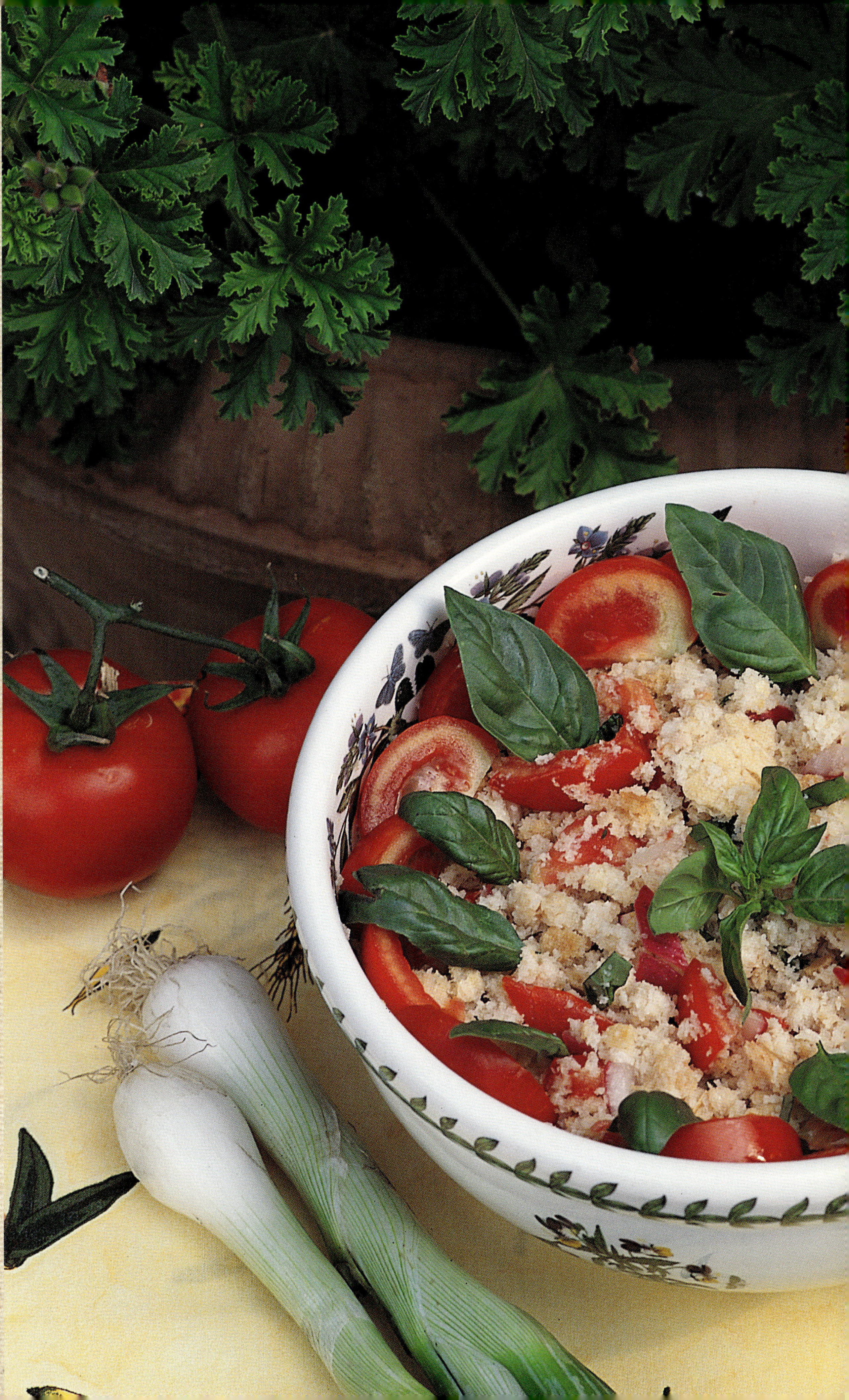

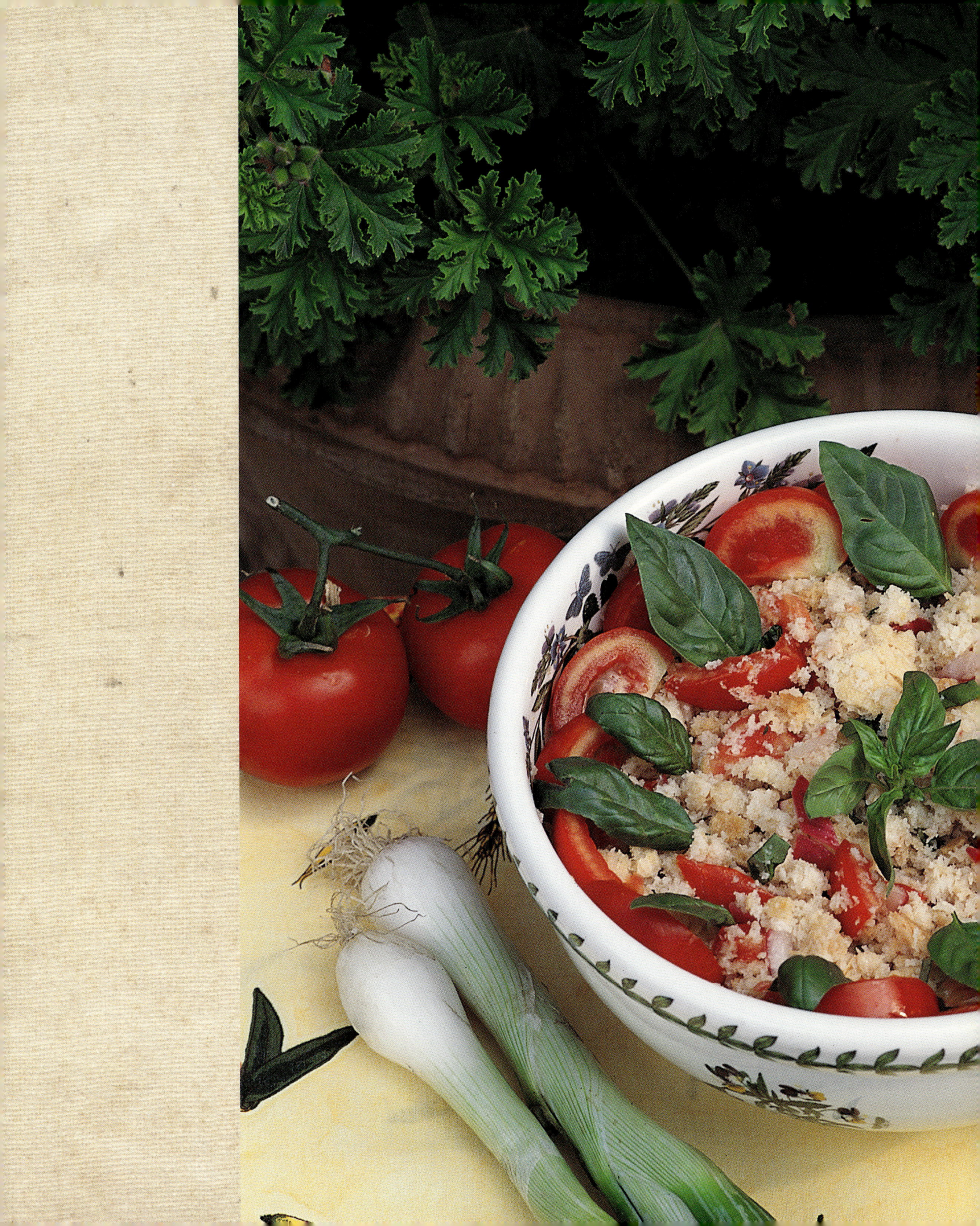

GESCHMORTES KANINCHEN

"In der Vergangenheit war geschmortes Kaninchen ein spezieller Festschmaus, den die Landfrauen an Feiertagen kochten, wenn sie nicht zur Arbeit hinaus mussten und mehr Zeit am Herd aufbringen konnten. Die Zubereitung stellt keine Schwierigkeiten, verlangt jedoch einige Geduld und Aufmerksamkeit. Ein circa 1 kg schweres, küchenfertiges Kaninchen zerteilen und waschen. Zusammen mit der Leber in eine Kasserolle legen und bei schwacher Hitze Wasser ziehen lassen, das nach und nach abgegossen wird, bis aus dem Fleisch keine Flüssigkeit mehr austritt. Erst jetzt fügt man das Olivenöl und einige Rosmarinzweigchen hinzu. Auf lebhafter Flamme ansautieren, bis das Fleisch auf allen Seiten schön angebräunt ist.

Die Leber aus dem Topf heben; eine fein gehackte Mischung aus 1 Karotte, 2 Stangen Staudensellerie und 1 Stängel Petersilie zum Fleisch geben und 2-3 Minuten anrösten lassen; die Leber hacken und hinzu fügen. Salzen, pfeffern und mit 1/2 Glas Rotwein ablöschen. Sobald dieser verdunstet ist, 4-5 EL passierte Tomaten einrühren und bei mäßiger Hitze in etwa 2 Stunden fertig schmoren."

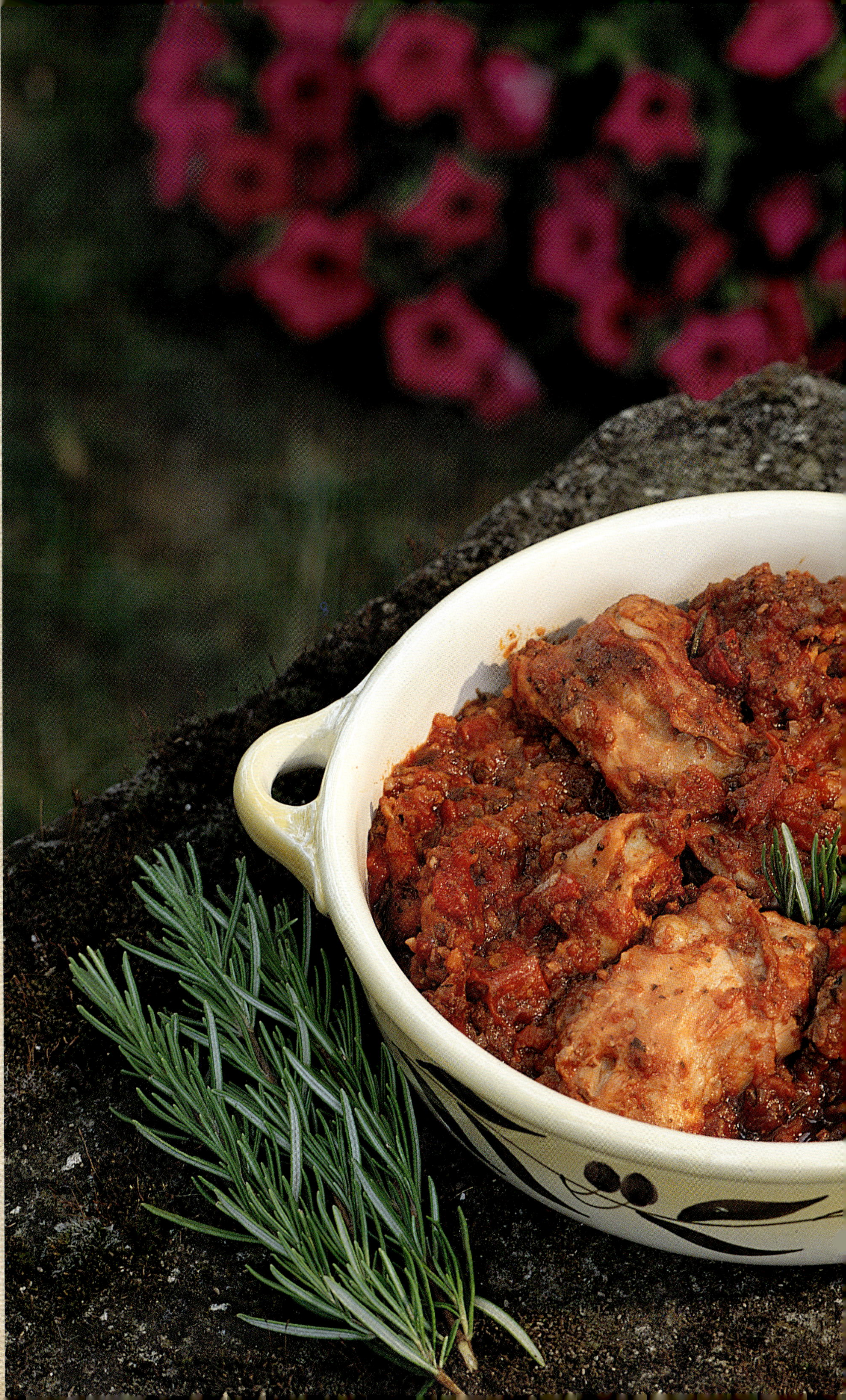

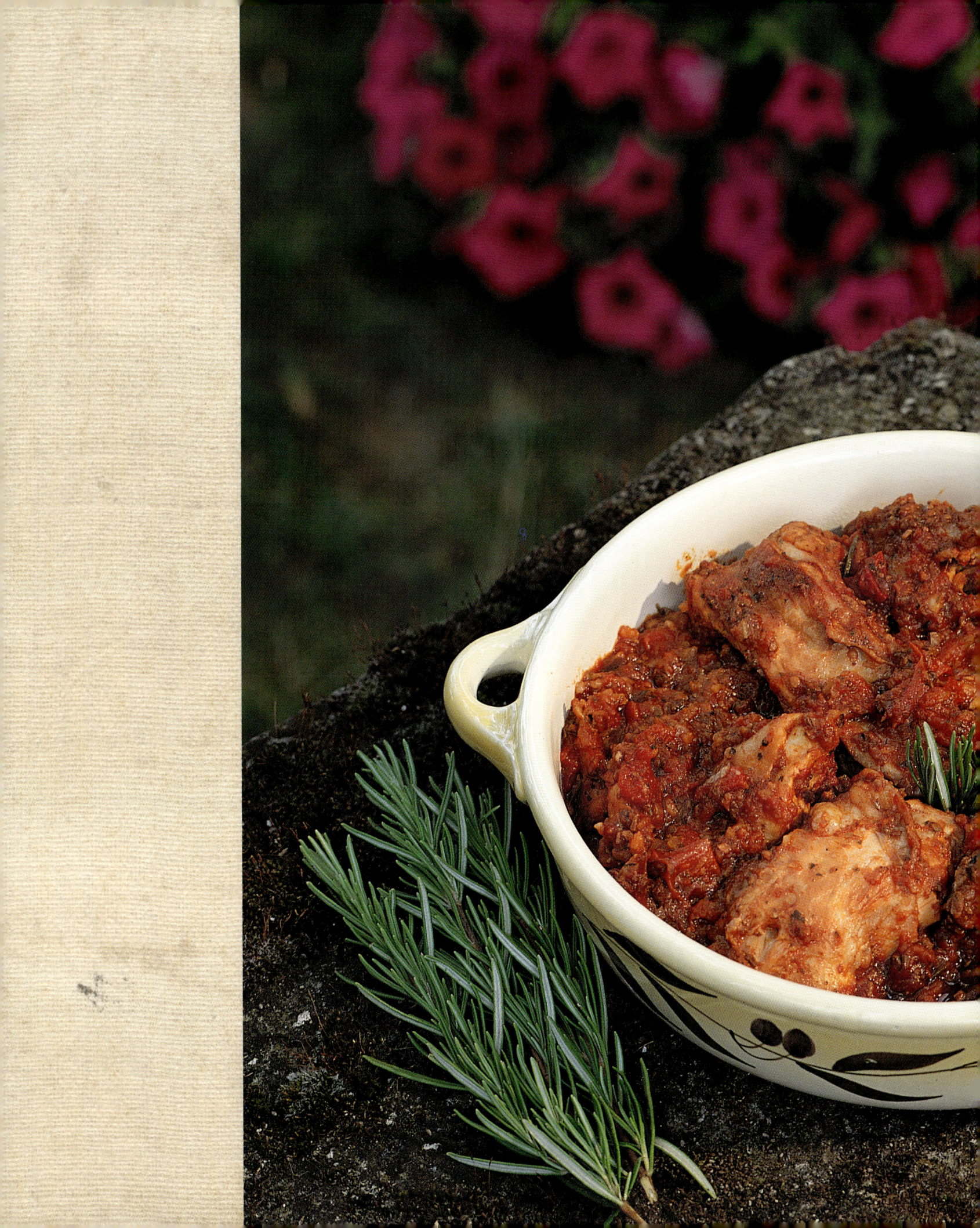

HAUSGEMACHTE BANDNUDELN

"Während das Kaninchen vor sich hin schmurgelt, werden die Tagliatelle aus folgenden Ingredientien vorbereitet:

300 g Auszugsmehl, 3 frische Eier, natives, Olivenöl extra, eine Prise Salz.

Das Mehl auf einer glatten Arbeitsfläche anhäufen, die Eier in eine Vertiefung in der Mitte aufschlagen, salzen, und mit Hilfe einer Gabel gründlich vermengen. Sobald das Mehl die Eier aufgenommen hat, 1 EL Olivenöl einkneten, wodurch der Teig elastisch wird.

Etwa 7-8 Minuten energisch weiterkneten, zu einem Ball formen und mit einem Tuch bedeckt ca. 15 Minuten kühl ruhen lassen. Danach mit dem Nudelholz zu einem Rechteck auswellen. Das Teigstück leicht bemehlen, aufrollen und quer schmale Nudeln schneiden. Auf einem leicht bemehlten Küchentuch zum Antrocknen ausbreiten."

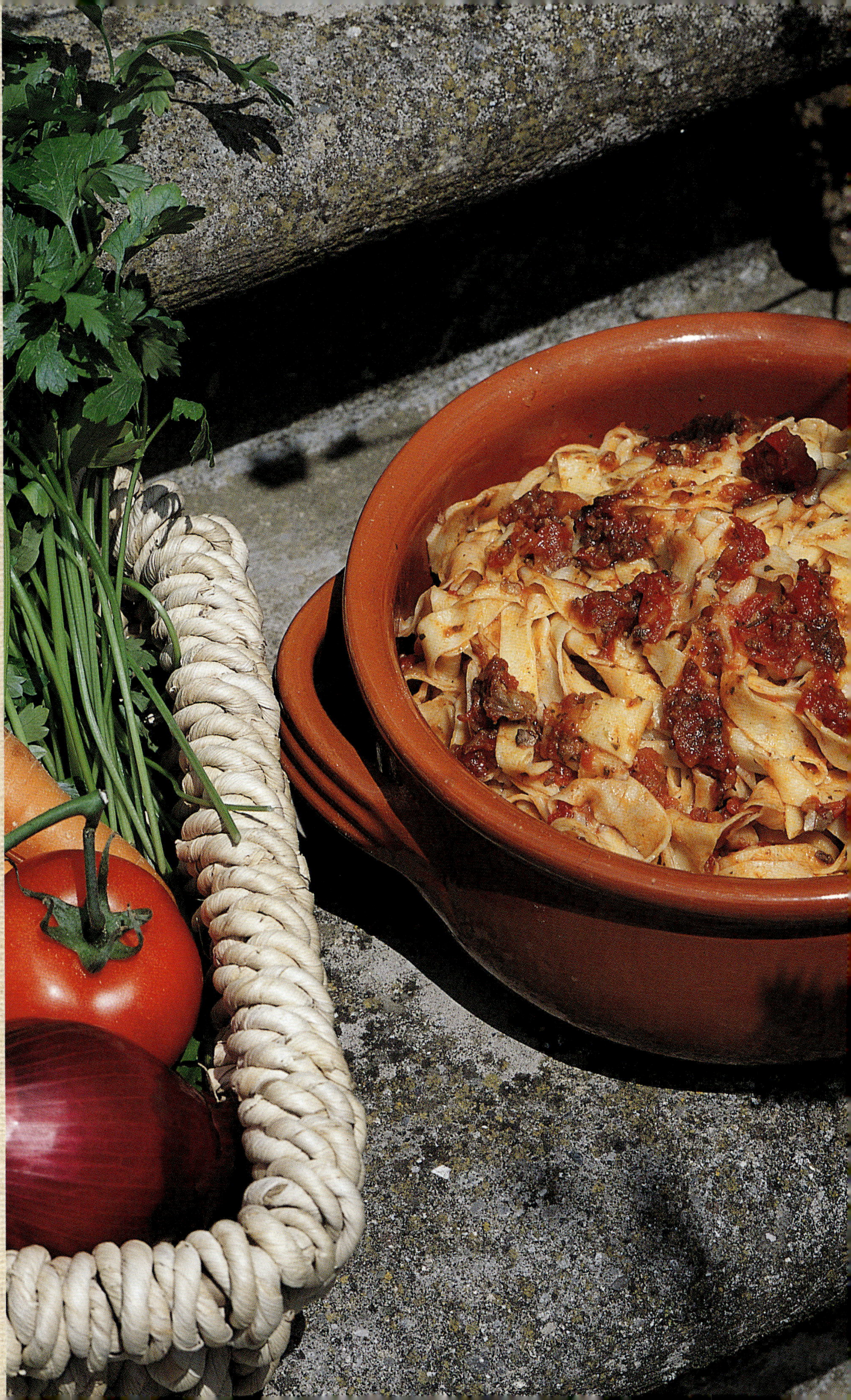

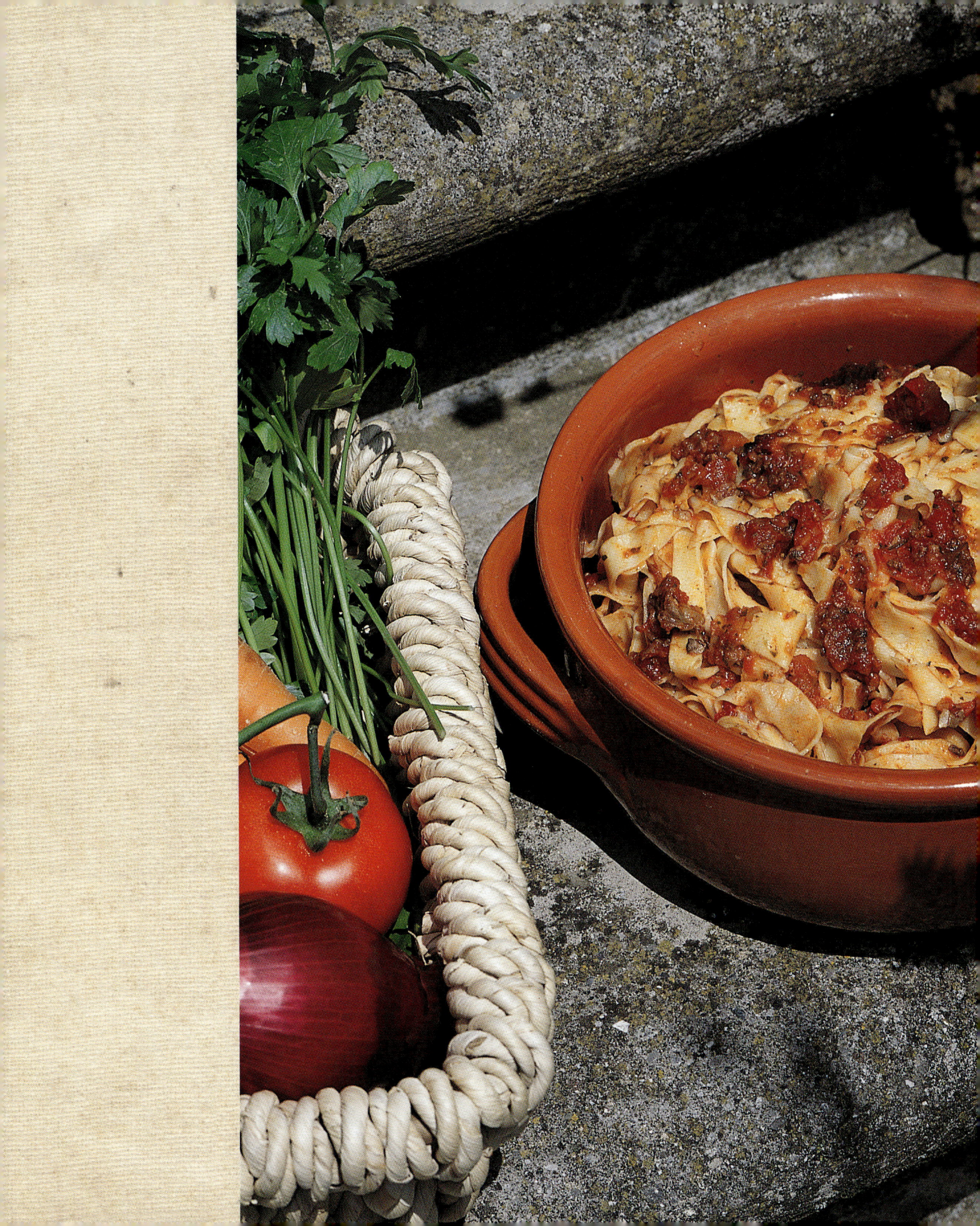

Wein ist wie das Blut der Erde;
sonne, aufgefangen und verwandelt
in der kunstvollen Struktur der
Weinbeere -wunderbares Laboratorium,
in dem ein verborgener und perfekter
Kliniker Mechanismen, Talente
und Mächte gemeinsam wirken lässt.
Wein ist ein unvergleichlicher Likör
aus Saft und Licht: er erhebt und
klärt den Geist,
erweitert die Seele, tröstet die
Gemüter und trägt zur Heiterkeit bei.

Galileo Galilei

DIE REBE UND DER ÖLBAUM
LANDWIRTSCHAFT: BUSINESS UND LEIDENSCHAFT

DER WEIN: ZWISCHEN BUSINESS UND LEIDENSCHAFT

Giuseppina Strepponi, Muse und devote Lebensgefährtin von Giuseppe Verdi, eine Frau, die für den genialen Komponisten eine viel versprechende Karriere als Sopranistin abgebrochen hatte, schreibt einen kurzen, von Enthusiasmus beseelten Brief an eine Freundin, der uns eine wenig bekannte Seite des Charakters ihres berühmten Mannes enthüllt, den nicht wenige Biographen als Griesgram mit tadelnswerten Manieren beschrieben haben, der jedoch im Privatleben, wie wir erfahren, außermusikalische Genüsse keineswegs verachtete. *"Verdi geht es blendend – so liest man – er isst, er läuft durch den Garten, schläft und trinkt Chianti, nichts anderes als Chianti. Hoch lebe also der Chianti und der Freund, der ihm einen so guten verschafft hat."*

Dass Verdi sich Essen und Trinken schmecken ließ, ist bekannt. Überraschend ist die Vorstellung vom stolzen Sanguiniker und Schöpfer von Opern wie *Othello* und *Traviata*, während er mit der Behendigkeit (und vielleicht auch der Unbekümmertheit) eines Knaben in seinem privaten Grün herumläuft. Doch da kein Grund vorhanden ist, an der liebevollen Skizzierung seiner Frau zu zweifeln, könnte man annehmen, dass er seinen wiedergefundenen jugendlichen Elan just einem zusätzlichen Gläschen dieses Chianti verdankt, den er - Sohn der Heimat von Lambrusco und Trebbiano - allen anderen Weinen vorgezogen hat.

Soviel zu Verdi. Wie viele andere berühmte Menschen werden wohl dem Nektar aus den Chianti-Rebbergen ihre Gunst erwiesen haben? Auch Michelangelo verstand etwas vom Wein.

Er besaß, scheint es, eine *'casa da oste'*, was damals soviel wie eine Villa auf dem Land mit ziemlich rustikalen Charakteristiken bedeutete. Jedenfalls wird uns sein Vorsatz, sich in diesen Gefilden ein Haus zu erwerben, mit einem Brief bestätigt, den er am 19. April 1549 an den Neffen Lionardo schreibt: *"Ich möchte mir viel lieber so bald als möglich den bewußten* podere *im Chianti kaufen, als Geld in der Tasche zu horten."* Dieser *podere* ist vermutlich mit der aktuellen Fattoria Nittardi identisch, ein kleines Weingut im Umfeld von Castellina, das seit längerem zu den renomiertesten des gesamten Territoriums zählt.

Es scheint, dass sich der damals schon betagte Michelangelo öfters auf sein Anwesen begab, wo er die Traubenlese persönlich überwachte und einen Wein produzierte, der er selbstredend als den besten im Chianti lobte und als wertvolles Geschenk an den Papst sandte - oder vielmehr an die Päpste, da sich während der letzten vierzehn Lebensjahre des Universalgenies ihrer vier auf dem Heiligen Stuhl abwechselten.

Viele große Persönlichkeiten nach ihm hatten mit dem Chianti zu tun. Diesmal steht uns auch eine Fülle von Dokumenten zur Verfügung. Im spezifischen Fall wissen wir von Vincenzo Viviani, dem getreuen Schüler und Freund von Galileo Galilei, dass dieser Wissenschaftler, der den Sumpf jahrhundertelanger stumpfsinniger astronomischer Gewissheiten zum Kochen brachte und dafür hart bestraft wurde, in der Nähe von Grignano ein Gut sein eigen nannte und auch als Winzer mit individuellen Recherchen und Versuchen mit neuen Unterlagsreben seiner wissbegierigen Natur freien Lauf ließ.

Doch Galileo war auch Poet, einer jener seltenen Menschen, die eine erleuchtende Emotion in Worte zu fassen vermögen. Als Dichter schrieb er den vermutlich gefühlvollsten Vers, der jemals dem Wein gewidmet wurde: "Wein ist wie das Blut der Erde; Sonne, aufgefangen und verwandelt in der kunstvollen Struktur der Weinbeere - wunderbares Laboratorium, in dem ein verborgener und perfekter Kliniker Mechanismen, Talente und Mächte gemeinsam wirken lässt. Wein ist ein unvergleichlicher Likör aus Saft und Licht: Er erhebt und klärt den Geist, erweitert die Seele, tröstet die Gemüter und trägt zur Heiterkeit bei." Ein gläubiger Wissenschaftler, der Gott als "verborgenen und perfekten Kliniker" sieht, der alles in der Natur programmiert hat; ein Gott, der in allem Bestehenden anwesend ist, also auch im "wunderbaren Laboratorium" der Weinbeere, aus der der Wein, dieser "unvergleichliche Likör aus Saft und Licht" geboren wird.

Einst war der Chianti… ein Weißer!

Die Geschichte des Chianti ist seit vielen Jahrhunderten dokumentiert, reicht jedoch offiziös auf Urzeiten zurück, da in der Toskana einige Millionen alte Fossilien der *vitis vinifera* ans Licht traten. Bereits die Etrusker und die antiken Römer widmeten sich dem Weinbau; während den von Kriegen, barbarischer Grausamkeit und Ignoranz geprägten Jahrhunderten nach dem Verfall des glorreichen Imperiums flüchteten sich die Mönche in ihre fast uneinnehmbaren Klosterburgen, wo sie die Memoiren der Hochblüte vergangener Kulturperiode vor der blinden Zerstörungswut retteten: Alle Kenntnisse wurden mit jener Präzision, Geduld und kalligrafischer Bravour niedergeschrieben, der, von einer persönlichen, mehr abstrakten Idee der Zeit inspiriert, Hast fremd ist. Unter anderem registrierten sie auch die Arbeitsmethoden auf den Ländereien und im Weinberg. Ausführliche Dokumente dazu haben uns auch die Mönche der Abteien Badia a Coltibuono und Badia a Passignano überliefert, die zu ihrer Zeit zweifellos nicht wenig zur Verbreitung des Weinbaus im Chianti beigetragen haben.

Die erste Quelle über die Vinifizierungspraxis im Chianti, ein Pergament aus Anno 913, wurde in der Kirche Santa Maria in Lucignano entdeckt; danach häufen sich die Zeugnisse. In der 2. Hälfte des 13. Jh. entsteht die Zunft der Weinhändler (*Arte dei Vinattieri*); in Florenz, Siena und anderen Städten eröffnet man Osterien und 'celle vinarie' (Keller), wo geschmaust und gezecht wird, mit *vermigli* und *rutilanti* – also Rotweinen, doch ist noch nirgendwo von Chianti die Rede. Der Name erscheint erstmals 1398 auf einer Rechnung mit der Unterschrift des Ser Lapo Mazzei, Literat, Jurist und ökonomischer Berater im Dienst der florentinischen Signoria, der die Bezahlung für "6 Fässer … Chianti-Weißwein" genehmigt. Wahrhaftig ein Überraschung: Chianti bezeichnete dazumal also einen Weißen aus dem aktuellen Territorium des sienesischen Chianti, während man in der (damals natürlich nicht existierenden) heutigen Chianti Fiorentino-Zone ausschließlich *vermigli* erzeugte, unter denen vornehmlich jene aus dem Grevetal, von den Schlössern Vignamaggio, Montefioralle und Uzzano, als die besten galten. Landino vermerkt in seinem 1481 erschienenen Kommentar zur Göttlichen Komödie, dass "im Greve-Tal *optimo vino* erzeugt wird". Nach wie vor ist schwierig festzustellen, genau zu welchem Datum der Chianti seine Robe wechselt und als Rotwein identifiziert wird.

Unter der Regierung des Großherzogs Cosimo III. de' Medici zu Beginn des 18. Jahrhunderts, war der Ruhm des Chianti-Weins bereits dermaßen verbreitet, dass zu seinem Schutz die präzisen Grenzen der Produktionszone festgelegt wurden, die, von geringfügigen Veränderungen abgesehen, noch heute gelten. 1932 verfügte ein Ministerialdekret die Distinktion zwischen dem im namensgebenden Territorium erzeugten Chianti und den Gewächsen aus anderen Gebieten der Provinz Florenz, womit dem erstgenannten zusätzlich Stellenwert verliehen wurde.

Chianti Classico… sortenrein!

Wein hat mich immer schon besonders fasziniert und ich glaube, dass mich mein olfaktorisches und geschmackliches Gedächtnis (meine 'sensorische Datenbank') verstehen lässt, ob ein Wein tadel-

Der schönste Keller des Chianti Classico

Man muss seine Fantasie spielen lassen, um sich die Atmosphäre zu vergegenwärtigen, die uns im hier abgebildeten Keller des Schlosses Monsanto einhüllt. Sind wir in einem antiken Geheimgang, der den Kastellanen in Gefahrenzeiten als Fluchtweg diente? Im Verliess eines Klosters, in das sich fromme Männer zur Buße und Verklärung zurückgezogen hatten? Nichts davon – wir stehen schlichthin im größten Reifekeller, den wir je gesehen haben: Er erstreckt sich mehr als zweihundert Meter lang unter den Mauern der großen Befestigungsanlage, doch das Erstaunlichste dabei ist, dass wir dieses unterirdische Meisterwerk nicht der Vergangenheit, sondern Fabrizio Bianchi und seiner Tochter Laura verdanken, die es vor nicht allzu vielen Jahren im perfekten Nachvollzug der Regeln antiker Baukunst realisierten. Im Freien ein Park, die Weinberge – aus denen unter anderem der hochgeschätzte Chianti Classico Il Poggio gewonnen wird, ein auch von den strengsten Kritikern gelobter, charakterstarker Rotwein - und natürlich der Betrieb, der sich durch seltenes Savoir-vivre und gastliche Aufnahme auszeichnet.

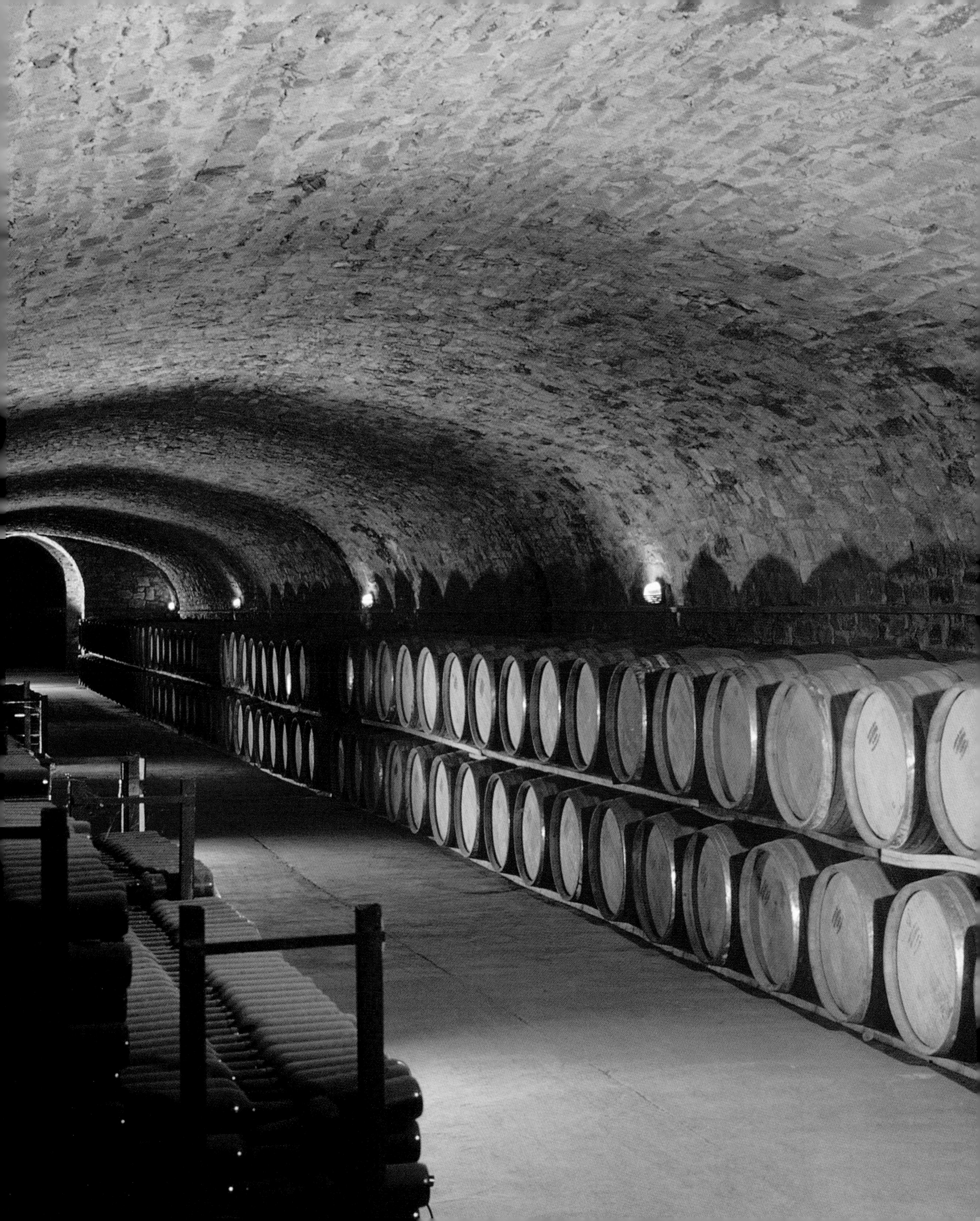

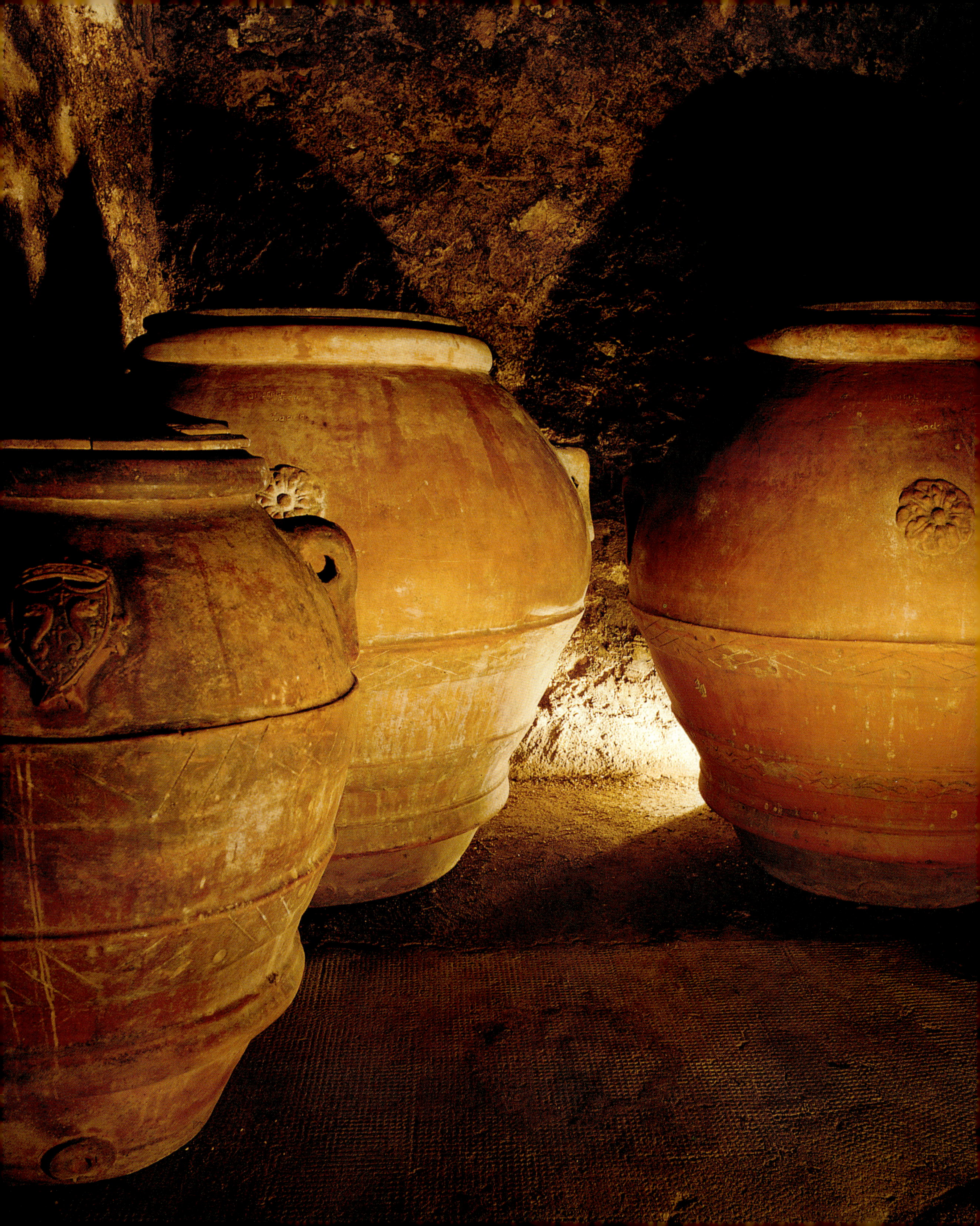

los vinifiziert wurde oder ob er gelitten hat, ob er bereits sein Idealalter überschritten hat, oder noch "verschlossen" serviert wurde, was in der Weinsprache heissen will, dass er seine besten Qualitäten und Charakteristiken mangels adäquater Luftzufuhr ("Atmen lassen", besonders bei langlebigen Gewächsen wichtig) nicht zum Ausdruck bringen kann. Mit einer passablen Bewertungsfehler-Marge erkenne ich mittlerweile sogar, ob ich einen sortenreinen Sangiovese, oder einen mit mehr oder weniger prägnanten Beigaben von Cabernet oder anderen Varietäten trinke. Doch echte Experten, solche die einen Wein auf Anhieb zu beurteilen vermögen, Rebsätze und Cuvées austüfteln, eine "Weinnase" und einen ebensolchen Gaumen besitzen, sind natürlich etwas ganz anderes - äußerst rar und im Weinkosmos sehr gefragt. Ich beziehe mich selbstredend auf die Rolle des Önologen, heute ein Atout in der Hand eines jeden Produzenten, wobei ich glaube, dass jene, die sich dem Chianti widmen, zwei verschiedenen und antithetischen Philosophien folgen.

Die Gruppe der 'protektionistischen Schule' sieht ihr Zielobjekt im Versuch, die Charakteristiken und Qualitäten der seit Urzeiten für Chianti Classico-Weine typischen, autochthonen Rebsorten möglichst kontinuierlich aufzubessern, während die andere, mehr von Innovationsgeist beseelte, wenngleich Tradition respektierende Schar zur Kreation neuer Weine als Alternative für Chianti Classico tendiert. In der Tat ist daran nichts auszusetzen. Prävalent ist jedoch die Bestrebung, das Beste aus den autochthonen Chianti-Varietäten herauszuholen. In dieser Richtung engagiert sich auch der Önotechniker und *wine-maker* Alessandro Alì, mit dem wir das Thema besprachen.

Alì ist ein *defensor fidei* von Tradition. Einer Tradition, die viele unablässig zu verbessern versuchen, aus der Überzeugung, dass das Potenzial der Sangiovese, eine edle, doch etwas widerspenstige und daher schwierig zu valorisierende Traubensorte, noch weitgehend auszuloten ist und neue Genussfacetten bieten kann.

"Wie vielseits bereits praktiziert, sollte man eingehend die Charakteristiken des Weinbergs und den korrelierten Interaktionen mit den klimatischen und pedologischen Voraussetzungen studieren – vermerkt Alessandro Alì – sowie eine Reihe von Anbaupraktiken, auf die ich hier nicht näher eingehen will.

Ich wünschte, man würde die verschiedenen Rebsorten französischer Provenienz, wie Cabernet Sauvignon und Merlot, vornehmlich für jene im Trend liegenden, bedeutenden Weine verwenden, die auf dem Markt als *Supertuscans* Furore machen, um so die Schaubühne der "Toskanität" für den 'König' Sangiovese frei zu machen. Auche wenn sogenannte 'verbessernde' oder 'alternative' Varietäten zum Einsatz kommen, muss stets der beachtliche, prägnante Einfluss hinsichtlich Weichheit und Potenz auf die typische strenglinige Zurückhaltung des Sangiovese in Betracht gezogen werden. Es stimmt zwar, dass diese Eigenschaften derzeit stark im Trend liegen, doch sollten wir unsere Kräfte vielmehr darauf konzentrieren, den Sangiovese selbst 'weicher' zu gestalten, da er allein das primäre, charakterisierende Element des Chianti verkörpert".

Die Adjektive der 'Weinsprache'

Eine auf den Wein konzentrierte Adjektivierung, die die Höhenflüge eines D'Annunzio übertrifft, zeichnet die Weinsprache aus.
Eine gewählte, verfeinerte, literarische Adjektivierung, die weit über die Grenzen einer objektiven Einschätzung hinaus eine 'kreative' Lesart suggeriert, die dem aristokratischen Getränk zusätzlich vollblütigen Adel bestätigt. Und so haben wir den technischen Kennkarten der Weine einiger der renommiertesten Produzenten eine Sammlung nicht selten fast übertrieben scheinender Adjektive zur Identifizierung der Charakteristiken, Qualität

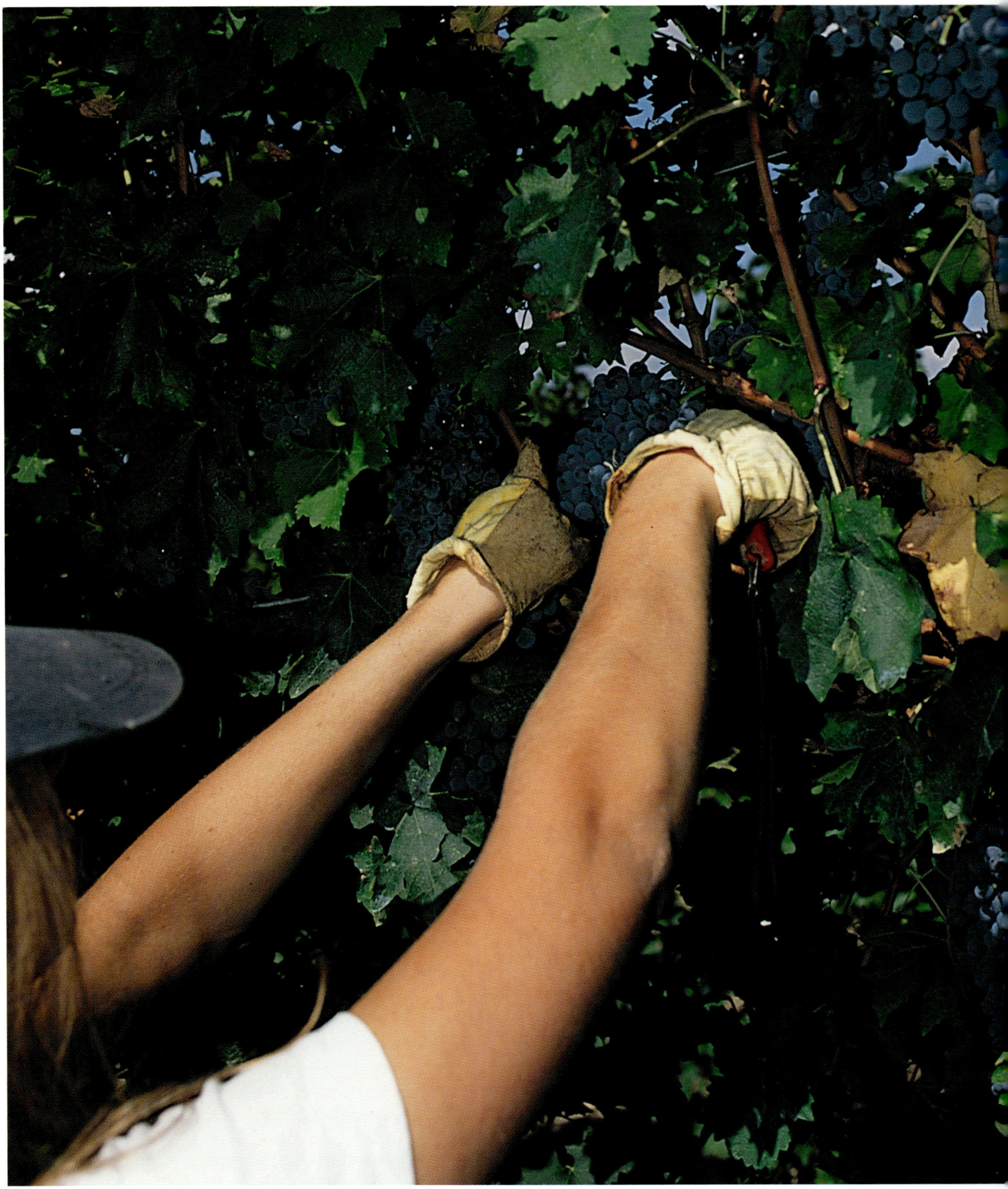

und Persönlichkeit der einzelnen Gewächse für ein kleines 'Spezial-Glossar' entnommen.

Frisch abgefüllt, kann sich der Wein purpurrot, mit violettfarbenen Reflexen präsentieren; junger Wein im allgemeinen meist kirschrot, nach mittelfristiger Fassreife mit orangefarbenen Rändern und nach mindestens zweijähriger Ablagerung in dichtem, fast bräunlichem Rot. Komplizierter wird es bei der organoleptischen Analyse, denn hier entfesselt sich die Vorliebe für literarische, also evozierende und geflügelte Adjektive. Der Wein wird als vollmundig, nobel, prononciert, delikat, subtil, zart, ausladend, komplex, mitunter auch als flüchtig beschrieben, doch keine Angst, denn zur Hilfe stehen uns konkretere Hinweise zum Bouquet zur Verfügung: Jene natürlichen Duftnoten, die an die barocke Leidenschaft dunkelfarbener Blüten für die Roten und die zarten Nuancen der Frühlingswiesenblumen für die Weißen anknüpfen. Dazu stellt sich die Bandbreite von frischen oder trockenen Früchten, Konfekt (Vanille, Anis), Kräuter und Vegetabiles (frische Minze, Piniennadeln, Tabak), Gewürze (Pfeffer, Zimt), Röstnoten (Kaffee, Schokolade, Tee), natürliche Aromen (Bier, Butter, Honig). Wir könnten die Liste unendlich weiter führen mit einer nicht immer hürdenlosen Reihe von *termini* zur exakten Definition eines Weines oder vieler Weine, ausschließlich durch die evozierende Macht des Wortes.

Nach antikem "Governo"

Der Term bezeichnet eine besondere Vinifizierungspraxis, die angeblich zwei Florentiner namens Giovanni di Durante und Ruberto di Guido Bernardi bereits 1360 erfunden hatten: Nach abgeschlossener Fermentation wird dem Wein ein kleiner Anteil Most aus spät gelesenen Trauben beigefügt, der eine Zweitgärung auslöst und das Endprodukt früher trinkreif, süffig, mitunter auch leicht spritzig gestaltet.

DIE REISE

Der Chianti Classico
Das Produktionsdisziplinar schreibt für den "Chianti Classico" einen 75- bis 100%igen Anteil Sangiovese vor, eine autochthone rote Traubensorte, die einen Wein von rubinroter Farbe ergibt, mit der Ablagerung, "auf granatfarben tendierend, an der Nase Anklänge an Gewürze und kleine Waldfrüchte; am Gaumen strukturiert, elegant, abgerundet, samtig". Für den Restanteil werden andere rote Varietäten hinzugezogen, darunter der traditionelle Canaiolo (maximal 10%) und die von den Erzeugern besonders bevorzugten Cabernet Sauvignon und Merlot. Hingegen sind die einstmals für den Chianti charakteristischen (und obligatorischen) Beigaben der weißen Sorten Trebbiano und Malvasia heute nicht mehr vorgesehen.
Der Chianti Classico hat einen herben, ausgewogen würzigen Geschmack. Das anfänglich prägnante Tanningerüst mildert sich mit der Ablagerung zu weichem Samt. Im weinigen Bouquet sind sortentypische Anklänge an Veilchen wahrzunehmen. Das lebhafte Rubinrot des Jungweins nimmt mit der Alterung elegante granatrote Tönungen an.

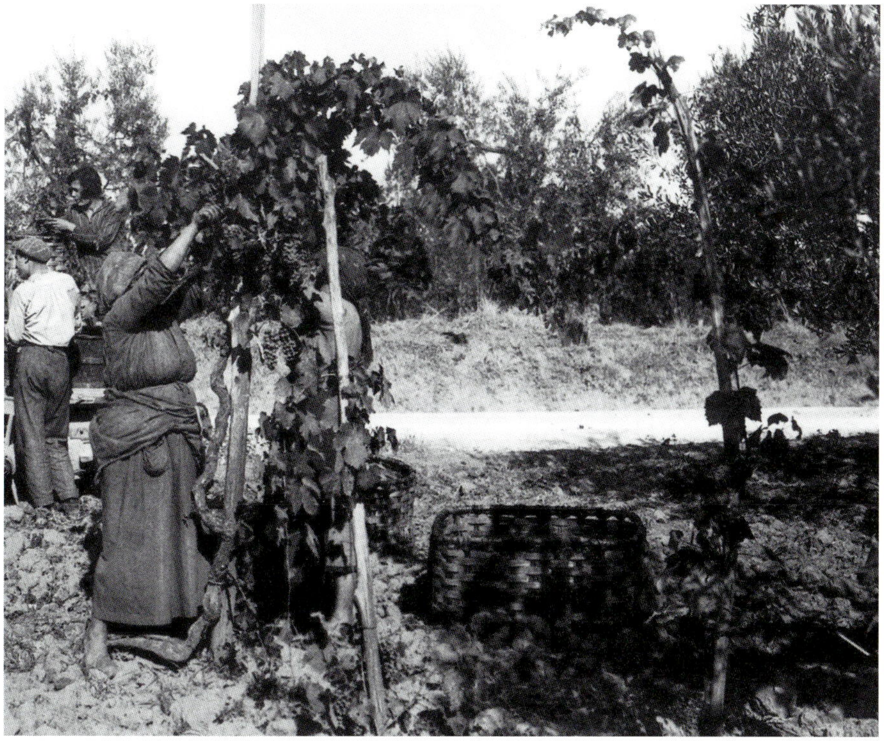

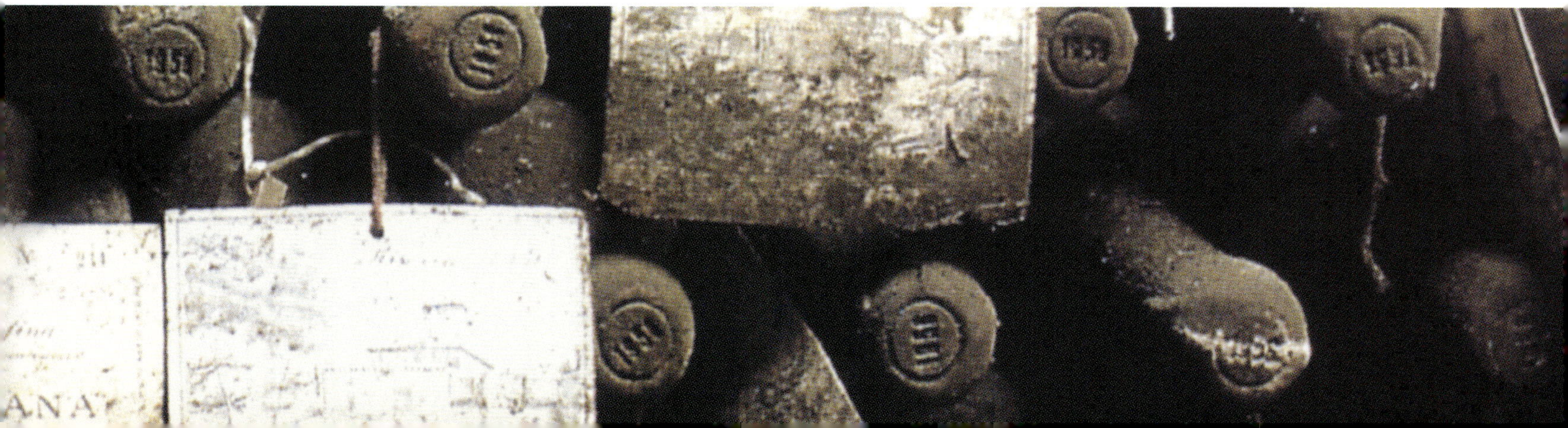

DIE ANTINORI

'Gravierende Schönheit'

Wie andere 'Szenenbilder' der Florentiner Altstadt, haben auch Piazza Antinori und die Via Tornabuoni Giuseppe Zocchi als Motiv inspiriert. Der vor allem für seine Gravüren berühmte florentinische Künstler führte im 18. Jahrhundert, als mit der Vedute eine neue, naturgetreue Landschaftsdarstellung ihre Glanzzeit feierte, eine Reihe wunderbarer Stiche zu Florentiner Themen aus.

Piero Antinori nennt im Chianti weder Schlösser noch Villen sein eigen, besitzt jedoch eines der schönsten Adelspalais in Florenz. Ein architektonisches Gefüge mit präzis abgezirkelten Konturen, die weder manieristische Schnörkel noch die geringste Abweichung von der reinen Linienführung erlauben. Einer jener Palazzi, die undeutig beweisen, wie Symmetrie einem tief empfundenen inneren Bedürfnis entspricht, noch vor selektiven konzeptuellen und stilistischen Erwägungen. Einem Bedürfnis von Ordnung und Rationalität. Giuliano da Maiano, Architekt und Planer des Gebäudes, war einer der elegantesten und zugleich geniálsten Interpreten der Renaissance. Er hatte blutjung im Kunsthandwerk als Intarseur zu arbeiten begonnen, wandte sein Interesse jedoch bald breiteren Horizonten zu. Damals, Mitte des 15. Jahrhunderts, gab es viele Talente, die eine revolutionäre Wende in der Architektur auslösten und der junge Giuliano lernte rasch, vornehmlich von Michelozzo und von dem großen Theoretiker Leon Battista Alberti inspiriert.

Einer seiner ersten Aufträge war die Planung und Ausführung des Palazzo Boni. Er machte sich sofort ans Werk, das jedoch aufgrund Geldmangels seines Auftraggebers bald unterbrochen wurde. Erzürnt musste Giuliano ein unvollendetes Gebäude zurück lassen. Dieses wurde 1506 von Niccolò Antinori erworben, der es Jahre später von einem anderen bekannten Florentiner, Baccio d'Agnolo, einem engen Mitarbeiter des Giuliano da Sangallo, erweitern und fertigstellen ließ. Um die Mitte des *Cinquecento* präsentierte sich das Palais in seiner heutigen Form, die bald zu einer der Bezugsmodelle für die toskanische Zivilarchitektur gekürt wurde und ist seither die stilvolle Residenz und das strategische Hauptquartier des Weinhauses der antiken Adelsfamilie: Seit jenem Moment ist die Geschicht des Palazzo der Antinori untrennbar mit ihren Weinen verbunden.

Sechshundert Jahre mit Wein verknüpft

Der Erste trug den Namen Antinoro, heute steht Piero an der Spitze des Hauses. Dazwischen liegen mehr als acht Jahrhunderte stolzer Zugehörigkeit zur Stadt Florenz. Wir begegnen dem Marchese in seinem Palazzo auf der gleichnamigen Piazza, wo die Via Tornabuoni beginnt, der 'gute Salon' und eleganteste *Shopping-mile* der Stadt. Im Palais, mit seinem schönen Renaissance-Innenhof und der Nobeletage, wo der Marquis residiert, fühlt man sich von den magischen Proportionen eines aristokratischen Schönheitsideals umfangen, die Florenz zur Zeit Lorenzo des Prächtigen auszeichneten.

Wir fahren gemeinsam zu seinem großen Weingut, durch einen heiteren Abschnitt des Chianti. Der ländliche Raum der Gemeinde San Casciano verschmilzt übergangslos mit dem Pesa-Tal. In diesem Stück Chianti Fiorentino erblickt man die Weinberge und Olivenhaine der Familie Antinori zwischen einer Skansion von sanften Hügeln, die leicht ansteigen, sobald man das Umfeld der Badia a Passignano erreicht. In den Kellern dieses noch heute von den Vallombrosaner Mönchen bewohnten, größten religiösen-kulturellen Zentrums des gesamten Territoriums, lagern 2.000 Barriques aus französischer Eiche, in denen der Chianti Classico Badia a Passignano – eine der jüngsten Etiketten des Hauses Antinori - seiner Vollendung entgegenreift. "Unser neuestes Juwel – wie der Marchese vermerkt - 50 Hektar Weinberge, fast ausschließlich mit Sangiovese bestockt für einen Wein, der in diesen prachtvollen Kellergewölben reift, die aufgrund der konstanten Temperatur Idealbedingungen für den Ausbau gewährleisten." Wir fahren weiter zum Besuch einiger anderer Güter, deren Namen renommierte Etiketten schmücken. Ein kleiner, von sanften Rebzeilen und fetter Galestro-Erde umgebener Weiler: Hier sind wir auf dem Gut Pèppoli, ein Betrieb, den sich die Antinoris 1985 zur Feier ihrer 600-jährigen Tätigkeit als Weinerzeuger zum Geschenk machten. Der Wein Pèppoli, ein Chianti Classico aus 90% Sangiovese, dem 10% Merlot gewinnende Souplesse verleihen, geniesst bereits Prestige und wird sich zweifellos zunehmend ausgefeilter weiterentwickeln. Doch als leidenschaftliche Weinliebhaber können wir nicht umhin, den Marchese zu bitten, uns die Rebberge zu zeigen, in denen die Trauben für einen der größten Weine der Welt wachsen. Eines jener Gewächse, die das Image eines großen Produzenten prägen und für die Zukunft festigen. Damit meinen wir natürlich den Tignanello. Bei seinem Debüt Ende der 60er Jahre zunächst mitunter als eine für das Chianti-Milieu gewagte Merkwürdigkeit aufgenommen, folgten nach seinem Triumph viele dem Musterbeispiel: Der erste Wein im Chianti ohne Beigabe von weißen Traubensorten; der erste, der im Kleingebinde aus Eichenholz französischer Provenienz ausgebaut, und der erste – oder einer der ersten – für den die autochthone Sangiovese mit der allochthonen Cabernet Sauvignon-Rebe vermählt wurde. 47 Hektar Rebfläche sind auf dem Gut Santa Cristina dieser mittlerweile historischen Nobelkreszenz vorbehalten, die ausschließlich in den besten Jahrgängen erzeugt wird – für den Tignanello ist das Beste gerade gut genug.

Wir kehren nach Florenz zurück, unsere Reise durch das Chianti-Land der Antinori ist beendet. Doch morgen könnte eine neue, zu dem einen oder anderen der zahlreichen Güter beginnen, die diese antike 'Winzerfamilie' in verschiedenen Regionen Italiens kultiviert.

Die noble Zunft der "Vinattieri"

Während der kommunalen Phase hatte sich mit der Entwicklung des Weinbaus auch ein blühender Handel entfaltet, an dem sich nach und nach viele florentinische Familien zu beteiligen begannen, so dass um die Mitte des 13. Jahrhunderts die 'Arte dei Vinattieri' genannte Gilde der Weinhändler gebildet wurde, die einflussreichste der sogenannten Arti minori. Dieser Zunft, der Florenz einige der glorreichsten Kapitel ihrer Geschichte verdankt, gehörten antike Adelsfamilien an, die das noble Getränk noch heute produzieren und vermarkten.

EIN TOSKANISCHER 'HEILIGER'

Generös, populär und aristokratisch, rustikal und finessenreich, lieblich und kräftig – ein Passito-Wein, der heute mit ausgefeilter Technologie in der ganzen Toskana produziert wird und zum Ende des Mahls, von hausgemachten Bäckereien oder feiner Pâtisserie begleitet, genossen wird. Ein echter 'Meditationswein' von dunkler bernsteingelber Farbe mit einem meist vielschichtigen, ausgeprägt komplexen Bouquet. Der Vin Santo fordert lange, geduldige Arbeit. Er ist kein ausschließlich toskanisches Produkt, da er in zahlreichen Varianten auch in kleinen Gebieten anderer Regionen erzeugt wird. Charakteristisch für die toskanische Spielart ist ihre große Beliebtheit in der gesamten Region, von Florenz bis Siena, von Pistoia bis Arezzo und Lucca.

Über den Ursprung des Namens wurden zahllose Hypothesen erstellt. Die wahrscheinlichste nimmt auf die Antrocknungsphase der Trauben um Allerheiligen Bezug. Eine attraktive, wenngleich wenig glaubwürdige, führt den Ursprung auf das 1439 abgehaltene Konzil von Florenz zurück, das mit dem Dekret *Laetentur Coeli* zur Vereinigung der Kirchen des Orients und des Okzidents führen sollte. Zu diesem Anlass wurde dem Metropoliten von Nizäa, Bessarion, ein angenehm süßer Wein angeboten, der ihm sehr zusagte, so dass er ausrief: "Das ist ja Wein aus Xantos". Der Erzbischof verglich den dargebotenen natürlich mit dem ihm wohlbekannten Passito-Wein aus der griechischen Stadt Xantos (heute Xanthi). So soll dieser Nektar aufgrund der sprachlichen Ähnlichkeit von da an "Vin Santo" getauft worden sein.

Noch vor wenigen Jahrzehnten wurde zur Begrüßung eines Gastes stets eine Flasche Vin Santo hervorgeholt, gleich ob bei einfachen Bauern oder im bügerlichen Salon, und auch wenn es etwas zu feiern gab, wurde der goldfunkelnde Nektar in kleinen Gläschen als Symbol für Gastfreundschaft und gutes Omen angeboten. Der Verbrauch ist heute reduziert, die Qualität jedoch erheblich gestiegen und verschiedene ehrgeizige Erzeuger bringen nunmehr ein selektiertes Produkt auf den Markt, das keinen Vergleich mit den bestbekannten *Passiti* der Welt zu scheuen braucht.

Der Vin Santo präsentiert sich mit unterschiedlichen Farbnuancen, da er nicht immer aus denselben Trauben gewonnen wird; im allgemeinen vinifiziert man Trebbiano, Malvasia, Canaiolo Bianco und San Colombano, doch mitunter werden auch geringe Mengen von anderen Varietäten wie Chardonnay, Grechetto und Pinot beigefügt. Toskanischer Tradition entsprechend werden die Trauben nicht am Stock, sondern auf Matten und Gittern in dafür bestimmten gut durchlüfteten Räumlichkeiten angetrocknet. Nach der Kelterung reift der Vin Santo für mehrere Jahre in kleinen Fässchen aus Steineiche (*caratelli*), doch versuchen einige Erzeuger, die antike Tradition der Kleingebinde aus Kastanien- oder Eichenholz erneut aufleben zu lassen.

Die trockene oder halbtrockene Spielart wird im Januar vinifiziert, die süßere Typologie hingegen zwischen Februar und März. Die Fässchen werden in den sogenannten "vinsantaie" gelagert. Nach einem mindestens 3-jährigen Ausbau (der jedoch auf 4-5 Jahre verlängert werden kann), ist der Vin Santo bereit, mit seinen 16 - 17,5 Vol.-% den Liebhabern und Degustatoren Wärme und Freude zu spenden - es ist wohl unnötig zu erwähnen, dass der aus dem Chianti Classico stammende zu den besten der Toskana zählt und in fünf Versionen angeboten wird: Lieblich (*amabile*) und trocken (*secco*) mit der jeweiligen 'Riserva' (aus Trebbiano- und Malvasia-Trauben, alle mit 16 Vol.-%; die 'Riserva' wird 4 Jahre lang gereift), und den seltenen Occhio di Pernice, für den im Rebsatz auch der Sangiovese aufscheint. Kurz, dieser Passito-Dessertwein ist stets eine genussreiche Erfahrung.

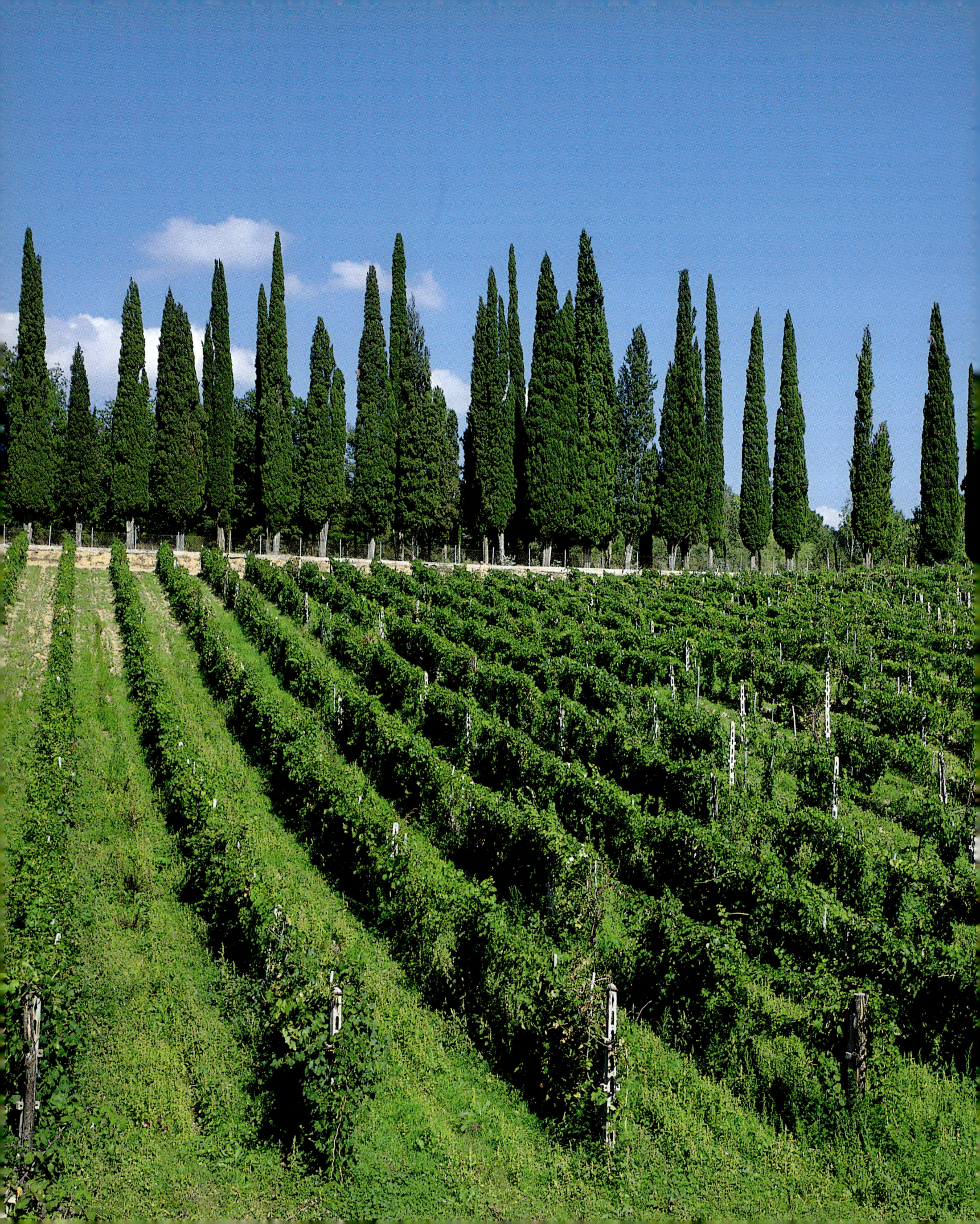

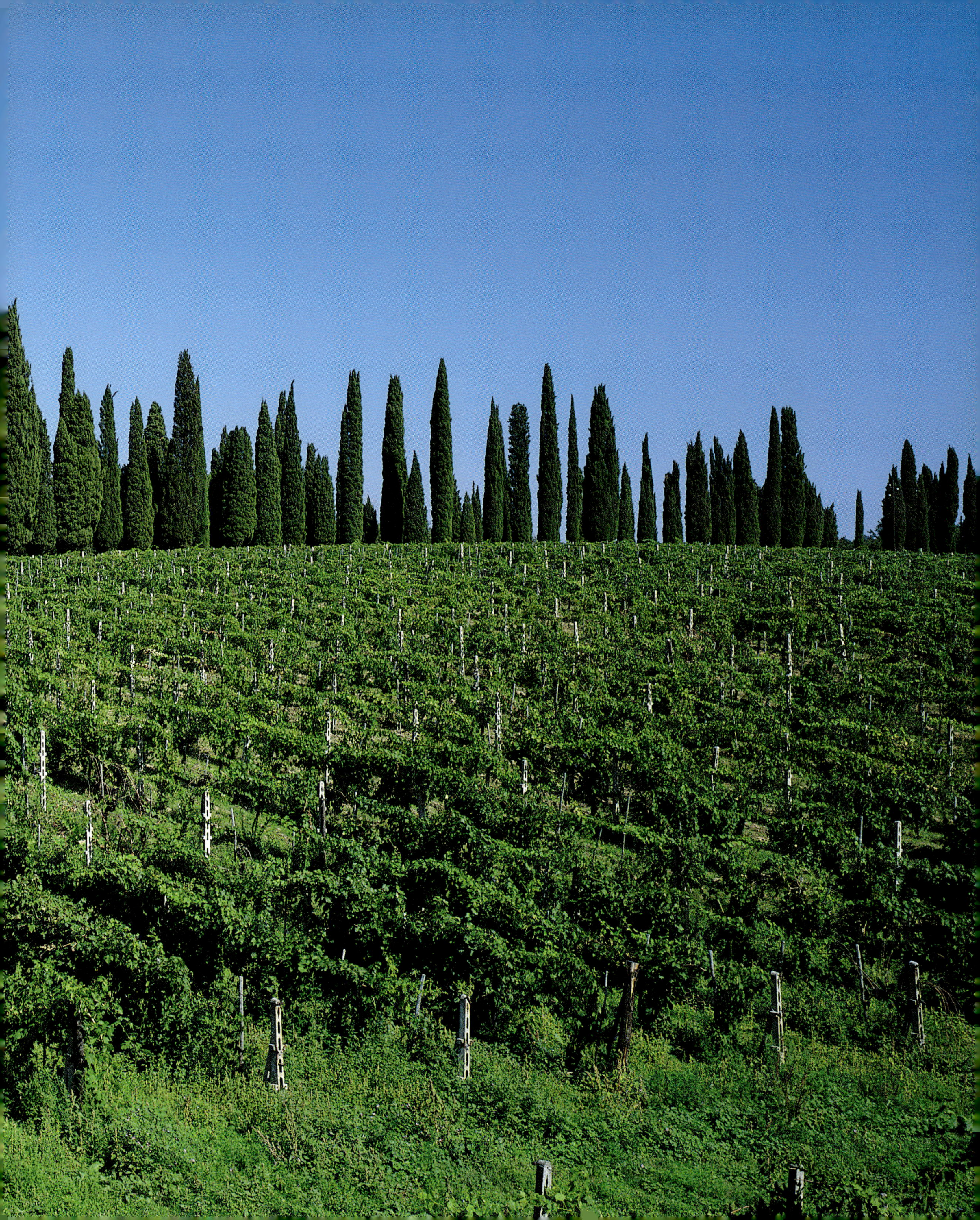

DER CHIANTI VON FONTERUTOLI

"Für den 16. Dezember (1398) werden wir 3 Fiorini, 26 Soldi und 8 denari für 6 Fässer Chianti-Wein ...mit einem Kreditbrief des Ser Lapo Mazzei begleichen."

Zum ausklingenden Trecento kaufte demnach Ser Lapo Mazzei, ein geachteter, einflussreicher Feingeist, Rebenexperte und Notar der Signoria von Florenz, Wein aus dem Chianti. In der Folge kam durch eine glückliche Fügung, über die Heirat seiner Nichte Madonna Smeralda mit Piero di Agnolo aus Fonterutoli, das Besitztum ihres Gatten als Mitgift in die Familie: Von da an mussten die Mazzeis, die bereits seit Jahrhunderten Wein in Carmignano produzierten, ihren Chianti nicht mehr von auswärts beziehen. Einen anderen, in der zweiten Hälfte des 18. Jahrhunderts im Weiler Fonteruli geborenen Mazzei, Filippo - ein abenteuerlustiger, von den anarchistisch-liberalen Ideen der Aufklärung beseelter unruhiger Geist – finden wir vierhundert Jahre später in Virginia, wo er in Monticello auf Einladung seines Freundes Thomas Jefferson einen Weinberg im Umfeld der Residenz des zukünftigen Präsidenten der Vereinigten Staaten bepflanzte. Filippo hatte zu diesem Zweck eine kleine Schar erfahrener Winzer aus dem Chianti mitgebracht und der ersten, mit Applaus bedachten Rebanlage folgten bald andere. Filippo war aber auch ein Intellektueller, dem soziale Gerechtigkeit besonders am Herzen lag und er nahm gemeinsam mit Jefferson am amerikanischen Unabhängigkeitskrieg und danach sogar an der Ausarbeitung der amerikanischen Verfassung teil, so dass ihm die Nachwelt den Ehrentitel eines *american patriot* zollte. Ein italienischer Patriot aus dem Chianti, der Weinkultur und das revolutionäre Gedankengut der Alten Welt in die junge Nation gebracht hat.

Gestern wie heute sind die Mazzeis hier, in Fonterutoli präsent. Das antike *Fons rutolae*, bereits vor dem Jahr Tausend eine Etappe für Reisende, war während der langen Machtkämpfe zwischen Florenz und Siena ein Kastell der Florentiner. In diesem im Umfeld von Castellina in Chianti situierten Weiler übt die Familie ihre unternehmerische Aktivität mit dem stolzen Selbstbewußtsein als Bewahrer bedeutender historischer Memoiren der Geschicke von Florenz und des Chianti aus. Vor der auf den Resten des Kastells erbauten schönen Villa aus dem 16. Jh., bietet ein reizvoller, sanft gegen antikes Mauerwerk abfallender *giardino all'italiana* einen privilegierten Blick auf ein gemütsbewegendes Stück Chianti. Außerhalb des Besitztums der kleine Weiler mit seinem Kirchlein, Häusern aus Stein und offenen, freundlichen Menschen, die ihrer Arbeit nachgehen. Die Mazzeis wohnen in Florenz. Fünf Kinder und einige Enkel erheitern den Alltag des Marchese Lapo und seiner Gattin Carla Mazzei. Filippo und Francesco, die den Betrieb managen, residieren auf Fonterutoli und man kann sich gut vorstellen, dass die große Familie für gesellige Zusammentreffen die antiken Gemäuer dieses Chianti-Weilers bevorzugt, die ihre Erinnerungen bergen.

Gläser hoch auf Fonterutoli

Lapo Mazzei zählt zu den ersten, die auf das immense Potenzial der Sangiovese-Rebe gesetzt haben, wie die berühmtesten Etiketten der Weine seines Hauses beweisen, amgefangen mit dem herausragenden Castello di Fonterutoli Chianti Classico, ein reinsortiger Sangiovese, der mit seinem gut eingebundenen potenten Tanningerüst den Gaumen mit einem finessenreichen, überaus langen Finale einhüllt. Sehr zugesagt hat uns auch der monumentale 'Siepi', eine ideale 'Mariage von Sangiovese mit Merlot: Im Bukett vereinen sich die fruchtigen Nuancen der charaktervollen Toskanerrebe mit den Tabaknoten des Merlot, feiner Vanille und beeindruckend lieblichem Tannin in enormer Konzentration.

Botschaft des Hauses Mazzei

Marchese Lapo Mazzei übermittelt uns eine von Stolz und Leidenschaft inspirierte Botschaft: "Ich stelle mir gerne unseren Familienstammbaum wie einen robusten und generösen Weinstock vor, da die Geschichte der Mazzei eine kontinuierliche Verknüpfung mit den Rebbergen, den Kellern und dem Wein darstellt."

DIE HERRIN VON VOLPAIA

Ein tadellos gepflegtes Nebensträßchen führt zu 'La Volpaia' durch die schöne, von Menschenhand noch wenig 'modernisierte' Landschaft dieses Chianti-Trakts in der Nähe von Radda. Die Fahrt verlangsamt sich, als ein alter Bauer mit einem vom Wetter gegerbten, faltigen Gesicht auf einem Karren vor uns auftaucht, den ein ebenso müde und alt wirkendes Pferd zieht. Er zuckelt unbeeindruckt weiter und passiert eine kleine Brücke, bevor er ausweicht. Unsere Blicke treffen sich, er lüftet den Strohhut mit einem schiefen Lächeln zu einem – vielleicht provozierenden - Gruß, eine Geste aus anderen Zeiten. Die von üppig behangenen Rebzeilen gesäumte Straße beginnt anzusteigen. Ein Blick zur Anhöhe lässt verstehen, dass der "Wein-Chianti" prioritär den Raum beansprucht. Die Ruten biegen sich unter der Last praller Trauben: In wenigen Tagen werden die lokalen Winzer mit der Ernte die Geburt des neuen Weins und eines neuen Lebenszyklusses feiern. Wir müssen mit dem Auto vor dem antiken Mauergürtel stoppen und werden von der umzirkelten urbanistischen Grazie des Kastells umfangen, das einst Belagerungen und hitzigen Kämpfen trotzte und nunmehr friedlicher Landwirtschaft gewidmet ist. Es gibt noch mittelalterliche Gebäude und Häuser mit schönen Portalen aus der Spätrenaissance, doch als Protagonisten des eindrucksvollen Gefüges aus Stein treten der mächtige Hauptturm und die Kommende Sant'Eufrosino mit einer für die florentinische Renaissance-Architektur typischen, reizvollen steinernen Fassade in den Vordergrund, die von einem schlanken Tympanum als Gegenstück zum durchbrochenen Giebelfeld des Portals bekrönt wird.

Giovannella Stianti Mascheroni, die Besitzerin der Domäne und zahlreicher Gebäude des Weilers, führt uns in die Welt ihrer Weine ein. "Ich bin stolz auf das Weingut Volpaia – erklärt sie – ein moderner und sehr aktiver Betrieb, der sich jedoch gut zu verstecken weiß. Wir haben uns besonders bemüht, die Produktionsanlagen unsichtbar zu machen, um den Charme dieses kleinen mittelalterlichen Dorfs intakt zu bewahren, das an allen Produktionsabläufen für Öl und Wein teilnimmt: Ausbau- und Fasskeller, *vinsantaia*, Abfülllinie, Ölmühle und *"orciaia"* sind zwar hochmodern, doch in den unterirdischen Gewölben, Häusern, entweihten Kirchen und Strukturen des Weilers untergebracht und durch ein unterirdisches "Weindukt" verbunden." Die Hausherrin lädt uns zur Degustation ihrer Weine in den wuchtigen Hauptturm. Nach einem Häppchen, das den Gaumen vorbereitet, wird eine Flasche Castello di Volpaia Riserva entkorkt, ein intensiv duftender, sortenreiner Sangiovese. Wir schwenken den Wein im Glas, so dass er uns in Kürze seine ver-

Kunst im Kastell

Für eine lange Periode wurden auf Schloss Volpaia einige der signifikantesten Evente zeitgenössischer bildender Kunst organisiert und während der Ernteperiode stellten alljährlich talentierte junge Maler und Bildhauer ihre Werke aus. Die Veranstaltungsserie wurde leider unterbrochen, als der künstlerischer Leiter, Luciano Pistoi, verstarb. Doch ist im Kastell die starke Berufung als Kulturträger nach wie vor lebendig, wie die vor kurzem ins Leben gerufene 'Volpaia Jazz Season' beweist, eine von Giovannella Stianti und ihrem Gatten Carlo Mascheroni generös geförderte Initiative, deren künstlerische Leitung Lucia Minetti anvertraut wurde.

borgensten Talente zeigen können wird. Zuerst schnuppern wir ausgiebig; im anfänglich noch etwas verschlossenen Duftspiel nehmen wir bereits Anklänge an kleine Waldfrüchte wahr; bald entfaltet sich am Gaumen die nachhaltige, robuste Struktur mit einer unmittelbar evidenten, danach nahtlos eingefügten, milden Tanninkomponente. Ein ausgezeichneter Tropfen. Doch schon präsentiert man uns eine zweite Flasche, die den 'Balifico' birgt, ein Gewächs, das zu den prestigeträchtigsten des Hauses zählt, das wird jedoch nicht sogleich verkosten dürfen. "Dieser besonders komplexe Wein muss atmen können, bevor er seine besten Eigenschaften entfalten kann – erklärt unsere Gastgeberin, während sie uns die Flasche mit dem kostbaren Inhalt überreicht – öffnen Sie ihn einige Stunden vor dem Essen, am besten wenn Sie Braten aus rotem Fleisch oder Wildgerichte zubereitet haben: Sie werden sehen, das ergibt eine gelungene Vermählung." Wir setzen uns wieder ins Auto und genießen erneut das Rebenpanorama von Volpaia, bis wir wieder den Chianti-Abschnitt erreichen, dessen Flora nicht nur aus Weinstöcken und Ölbäumen besteht.

EIN KLEINER
GROSSER WINZER

Er war ein Mann der Leidenschaften, einer der bereit war, für eine neue Liebe sein Leben zu verändern und bis zum äußersten dafür zu kämpfen. Das ist nicht leere Rhetorik: Sergio Manetti war so ein Mann.

Er besaß einen einträglichen Industriebetrieb und führte ein Leben im Wohlstand, vielleicht mit einer Spur Langweile. Dann entdeckte er - wie viele andere, die sich das teure Hobby eines Hauses auf dem Land weniger um dort zu wohnen, sondern als Vorzeigestück leisten - den Chianti als perfekten Aufenthalt für Wochenende. Er kaufte ein großes Bauernhaus, ursprünglich eine Befestigungsanlage, und pflanzte zwei Rebberge, aus denen er Wein für den Eigenbedarf und einige Freunde gewinnen wollte. Das Resultat war, dass er nach wenigen Jahren seine Aktivität als Industrieller aufgab und sich Leib und Seele auf diese von Grund auf neu zu 'erfindende' Arbeit konzentrierte. Das war Anfang der siebziger Jahre.

Es blieb dann auch nicht bei den zwei Weinbergen, obwohl die Dimensionen des Guts Montevertine stets denen eines Kleinbetriebs entsprechen, wie von Sergio Manetti beabsichtigt, der sein Zielobjekt stets mit Spitzenqualität unter familiärer Leitung identifizierte. Um eventuell zerstreuten Lesern klarzumachen, wo wir für eine Weile Halt gemacht haben, genügen die Namen von drei Etiketten, die den Namen des Erzeugers auf der Weinszene berühmt gemacht haben. Namen wie 'Montevertine', 'Sodaccio' und vor allem die Linie 'Le Pergole Torte', mögen dem unbedarften Weinlaien nichts bedeuten, repräsentieren jedoch für den Eingeweihten die Spitzen einer idealen Klassifizierung der besten Chianti Classico-Gewächse.

Museum für bäuerliche Kultur

Sergio Manetti hat uns unlängst verlassen und dem Sohn Martino die faszinierende, schwierige Arbeit zum Vermächtnis gemacht, das renommierte Weingut ebenso wie das kleine, mit seltenen Objekten und interessanten alten Arbeitsgeräten dotierte Museum für bäuerliche Kunst weiterzuführen. Ein Privatmuseum, dem die öffentlichen Gremien vielleicht etwas mehr Beachtung schenken sollten.

DIE LÄNDEREIEN VON ALBOLA

Der Instinkt führt einen jungen Ende der 70er Jahre, die eine Neubelebung der Weinwirtschaft im Chianti sahen, in diesen Erdflecken, der sich schwierig und stolz präsentiert - wie seine Bewohner. Er ist auf der Suche nach einer Fattoria. Nicht, um den Toskanern das Weinmachen beizubringen, sondern vielmehr, um in der Toskana einen großen Wein zu erzeugen, der das qualitative Image seiner bestens konsolidierten Aktivität steigern soll.
Im Umfeld von Radda trifft er auf Albola, ein antikes, vom Geschlecht der Acciaiuoli befestigtes Dorf, das er unmittelbar als ideale Basis für die Verwirklichung seines 'Traums im Chianti' erkennt: Die Produktion eines Premiumgewächses vor einer szenisch adäquaten Kulisse.
Mittlerweile sind mehr als zwanzig Jahre verflossen und Gianni Zonin kann heute ruhigen Gewissens bestätigen, dass er die Herausforderung gewonnen, oder - in anderen Worten – das Gut Castello di Albola nach den Richtilinien eines die Lokaltradition und Umwelt respektierenden Managertums aufgebaut hat: "Jede Region hat ihre Tradition – bemerkt Zonin – und jede Region muss einen eigenen Wein ausdrücken. Aus dieser Warte habe ich in diesen Jahren versucht, einen Chianti Classico zu produzieren, der seine charakteristische Typizität in vollem Maß zur Geltung bringen kann."

Wir schlendern durch das Dorf – wenige Schritte, ein kurzer Rundgang um und durch die verschiedenen Gebäudekörper, die dieselbe Geschichte und das gleiche steinerne Material verbindet. Danach sind wir, perfekt umsorgt, zum Mittagessen eingeladen, das uns Gelegenheit bietet, die hier erzeugten ausgezeichneten Weine zu genießen. Man serviert uns einen Roten mit großartigem Körper und persistenter Struktur, den in kleinen Eichengebinden ausgebauten Chianti Classico Riserva Castello d'Albola, ein idealer Begleiter von gegrilltem Fleisch. Anschließend machen wir die Bekanntschaft des bereits im Ansatz superben Supertuscan Acciaiolo, ein selten finessenreicher Blend aus Sangiovese und Cabernet, der sich unserem 'degustativen Gedächtnis' einprägt.
Während der Verabschiedung ermuntert uns Gianni Zonin, einen Blick auf die Weinberge zu werfen, die das Besitztum und die Villa umkränzen: "Hier wachsen die Trauben für den Acciaiolo, der Ihnen
so sehr zugesagt hat." In der Tat sind die Rebzeilen mit den Varietäten Sangiovese und Cabernet Sauvignon bestockt, aus denen in Assemblage der Acciaiolo kreiert wird, dessen Namen eine Hommage an die antike, ursprüngliche Florentiner Besitzerfamilie darstellt.
Mit Gianni Zonin erreichen die Wein-Ziffern Schwindel erregende Höhenflüge. Sowohl das zahlenmäßige wie das qualitative Wachstum seiner Aktivitäten basiert auf hoch angesetzten Ideen, begleitet von Liebe zum Boden, Unternehmungslust und nicht zuletzt einer guten Dosis Mut. Heute steht Gianni Zonin an der Spitze eines Betriebskomplexes, der elf Weingüter in Italien und ein *estate* in den Vereinigten Staaten einbeschließt.

Zonin

Die spezialisierte Rebfläche "Fattoria Castello d'Albola" erstreckt sich über 150 Hektar, in neun Güter aufgegeliedert. Neben der natürlicherweise dominanten Sangiovese werden auch die lokaltypischen Rebsorten Canaiolo und Malvasia, sowie die allochthonen Varietäten Cabernet Sauvignon, Chardonnay und Pinot Nero angebaut.

DIE 'FIASCHI' DES BOCCACCIO

Die Behauptung, der *Fiasco*, jene typische, bauchige mundgeblasene und in Strohbast gehüllte Weinflasche, die über die Jahrhunderte der Alltagstafel festliche Akzente setzte, verdiene rechtmäßig ein Markenzeichen als urtoskanisches Produkt, mag überheblich scheinen, doch ist dieser im Grunde rustikale, formenmäßig schnörkellose Glasballon unbezweifelbar mit den Toskanern und noch mehr mit den Florentinern verbunden, denn vor nicht allzulanger Zeit stellte die schlanke, elegante Bordeauxflasche eine Seltenheit auf ihren Tafeln dar: Rotwein war gleichbedeutend mit dem *fiasco*, ein natürliches, einfaches und Freude spendendes Behältnis für den täglichen Begleiter zum Essen.

Mehr als alle schriftlichen Quellen leisten ikonographische Zeugen Hilfe für eine kurze Geschichte der Bastflasche. Gläserne Flaschen von ähnlicher Form finden wir bereits auf Tafelbildern des 14. Jahrhunderts und den ersten wahrhaftigen, reichlich in Stroh gehüllten "Fiasco" um die Mitte des *Trecento*, im Freskenzyklus mit den Legenden der hl. Hieronymus und Agnes, die Tommaso da Modena in der Kirche San Niccolò in Treviso ausführte: In einem Detail der grandiosen Komposition sieht man von einem Nagel an der Mauer herabhängend, einen schönen 'Fiasco', gänzlich in geflochtenes Schilfstroh gekleidet, wie damals üblich. Ein Maler aus Emilien in einer venetischen Stadt? Die Toskana scheint hier im Hintertreffen, holt aber dank der Literatur auf: Giovanni Boccaccio zitiert in zwei Novellen seines *Decamerone* (VIII., IX. Tag; II., VI. Tag) den 'Fiasco' als Behältnis für den zinnoberroten "vino vermiglio", mit Details über die unterschiedlichen Formate. So erfahren wir, dass es zu seiner Zeit einen großen, 'quarto' genannten, mit einem Fassungsvermögen von 5,7 Liter gab, einen mittelgroßen ('*mezzo quarto*'), der etwa di Hälfte enthielt, sowie einen kleinen Fiasco namens '*metadella*', mit einer Kapazität von wenig mehr als einem Liter. Dokumentiert ist auch, dass sich bereits Anfang des 14. Jh. in den Glasbläsereien des Elsa-Tals spezialisierte Handwerker (der *fiascato*) ausschließlich der Erzeugung dieser Flaschenform widmeten. Dies und andere interessante Notizen lesen wir in einem Essay von Silvia Ciappi, "Il vino e il vetro: bottiglie, bicchieri e fiaschi nel Medioevo", im Rahmen der vom Chianti-Studienzentrum "Clante" publizierten, umfangreichen Studie "Dal Kantharos alla Bordolese, per una storia dei contenitori da vino" ('Vom Kantharos zur Bordeauxflasche, für eine Geschichte der Weinbehältnisse'), unseres Wissens eines der ersten spezifischen Werke zum Thema.

Seit dem 16. Jahrhundert finden wir den *fiasco* nicht nur in der Toskana immer öfter in der Malerei, was seine Verbreitung außerhalb der regionalen Grenzen bestätigt, wenngleich ihm florentinische Künstler besondere Akzente setzen (wobei ich an die sensiblen Darstellungen in den Stilleben des Empoli denke). Da die Geschichte des *Fiasco* aber mit jener des Glases und der 'materiellen Kultur' im allgemeinen verbunden ist, wirft sich die Frage auf, ob die bereits Anfang des 2. Jahrtausends für ihre 'Glasbrennereien' berühmten Bläsermeister des Elsatales selbst diese partikuläre Flasche, gemeinsam mit feineren Gläsern und Behältnissen in anderen Teilen der Halbinsel verbreitet haben, wie Viele vermuten. Wie dem auch sei, steht fest, dass der *fiasco* ab einem gewissen Zeitpunkt in den übrigen Regionen nicht mehr verwendet wird, während er in der Toskana nicht nur überlebt, sondern bis zu unseren Tagen als Tradition gilt – ein ungeschriebenes 'Dokument', das seinen Wert behält.

BROLIO ODER RICASOLI FIRIDOLFI

Zu den Ursprüngen des Chianti Classico

Baron Francesco Ricasoli Firidolfi 'regiert' heute über das glorreichste Etikett des historischen Chianti, der antiken Gemarkung, die sich mit der Chianti-Liga entwickelt hatte und in Radda, Gaiole, Castellina und... auf Brolio die dynamischen Treibkräfte besaß, die seit fast einem Jahrtausend die faszinierende Geschichte des Weinbaus prägt.

Bettino Ricasoli war der Erfinder der önologischen Formel für den modernen Chianti:

"Den Großteil seiner Aromen und eine gewisse sensorische Vigorösität erhält der Wein vom Sangioveto. Der Canaiolo verleiht ihm jenen Anflug von Süße, die die Rauheit des Ersteren mildert, ohne jedoch seine Aromen zu schmälern, die er selbst in gutem Maße besitzt. Der Malvasia tendiert hingegen darauf, den Geschmack der ersten beiden Traubensorten zu vereinfachen und zu verwässern, weswegen sein Beitrag für Weine, die zur Alterung bestimmt sind, verringert werden muss."

Es ist stets der 'eiserne Baron', ein Titel, den sich der große Staatsmann des jungen wiedervereinten Italiens aufgrund seines entschlossenen Charakters eingehandelt hatte, der ihm eine beachtliche politische Karriere geöffnet und ihm erlaubt hatte, seinem 'neuen Wein' aus Brolio den Stellenwert als neuer

Chianti zu verleihen. Der Baron war eine entschiedene Siegernatur, leidenschaftlich und starrsinnig. Als er die Zügel des Weinguts übernahm, war er erst zwanzig, doch bereits entschlossen, diesen antiken und populären, doch strukturell überholten Wein zu verbessern: Da es ihm nicht an Selbstvertrauen mangelte, experimentierte er verschiedene Lösungen mit Propfreisern von Cabernet, Pinot, Grenache, Carignano, alles Sorten, die ursprünglich auf fettigeren Böden als den trockenen und steinigen der Chianti-Zone wuchsen und abgerundete, vollmundige Weine ergaben. Am Ende seiner Recherchen hatte er sich die Meinung gebildet, dass den autochthonen Sangiovese-Klonen im Grund mehr Individualcharakter, Persönlichkeit und Typizität innewohnten, wie er seinem Freund Paolo Studiati mitteilte: *"... bis zu diesem Tag ist es mir nicht gelungen, auf den Böden von Brolio aus den Pinots und Cabernets, den Grenaches, Carignans oder Alicantes, einen Wein zu erzielen, der sich hinsichtlich Duft, Grazie und Eigenwert mit dem Sangioveto messen könnte"*.

Da dem Sangiovese zum vollen Ausdruck seiner Talente eine Spur Wärme fehlte, wollte er dessen verschlossene Sprödheit durch die Zugabe einer weniger noblen und strukturärmeren Rebsorte für den Gaumen angenehmer gestalten: Er setzte einen bescheidenen Anteil von Canaiolo als abrundendes Element, sowie einen noch geringeren von Malvasia fest (obwohl man seiner Meinung nach auf letztere auch verzichten konnte).

Auf diese Weise setzte dank des 'eisernen Barons' der von den Markgrafen Ricasoli-Firidolfi bereits im Mittelalter produzierte Wein von Brolio den ersten Meilenstein zur modernen Geschichte des Chianti Classico, der sich zu einem der prestigeträchtigsten Weine des gesamten Territoriums entwickeln sollte.

In den letzten Jahrzehnten stand ein weiterer Bettino, Urenkel des illustren Erneuerers, an der Spitze des Weinguts, dessen Leitung in jüngerer Zeit vom Sohn Francesco, 32. Baron auf Brolio, übernommen wurde, der dem Wein nach einer komplexen Betriebsumstrukturierung mit Entschlossenheit und Mut neuen Glanz zu verleihen wußte.

Der Chianti Classico steht an erster, doch nicht einsamer Stelle. Wie in vielen anderen Betrieben im Chianti, tendiert man auch auf Brolio zur Diversifizierung der Produktpalette. Persönlich hat uns neben dem vermutlich unübertrefflichen Chianti Classico Castello di Brolio (heute ein fast sortenreiner Sangiovese) besonders der 'Casalferro' begeistert, der vom Haus als 'Wein-Laboratorium' bezeichnet wird, da er "den Charakteristiken des Sangiovese durch die Mariage mit ebenbürtigen Nobelsorten wie Cabernet Sauvignon und Merlot Akzente setzt", wobei für jeden Jahrgang, entsprechend den jeweiligen Analysewerten, die respektiven Prozentanteile im Rebsatz verändert werden.

"Das Besitztum Brolio erstreckt sich im Territorium der Gemeinde Gaiole in Chianti und in kleinerem Ausmaß von Castelnuovo Berardenga, über mehr als 1.200 Hektar, zum Großteil von Eichen- und Kastanienwäldern, und in höheren Lagen von Tannen und Lärchen bedeckt: 26 Hektar in unterschiedlichen Höhenquoten und mit diverser Bodenbeschaffenheit sind mit Ölbäumen bepflanzt, 227 stehen unter Reben".

HIGH TECH IM KELLER

it dem Wein ist es wirklich etwas Besonderes, denn er entfacht Leidenschaften, die die Zeit überdauern. Diese kurze Geschichte handelt von der Leidenschaft eines Unternehmers aus der Deutschland, der sich im Herzen der historischen Chianti-Zone, in der Nähe des Schlosses von Brolio, vor einigen Jahren eine Kellerei bauen ließ, die heute unter dem Namen Il Colombaio di Cencio bekannt ist. Ungewöhnlich dabei ist, dass Werner Wilhelm nicht, wie die meisten Neueinsteiger, zuerst Ausschau nach einem alten, zur Umstrukturierung geeigneten Gut gehalten hatte, um dann einen eigenen Wein zu erzeugen, sondern mit der aktualisierten Interpretation eines antiken Landgebäudes ex-novo einen Betrieb aus lokaltypischen Materialien kreierte, den er mit einer avantgardistischen Kellerei, mit komplexen, computergesteuerten Systemen für den gesamten Vinifikationsablauf ausrüstete. Kryo- und Wärmetechnik, Traubenpressen und Filteranlagen etc., auf dem neuesten Stand der Technologie; ständiger Auswechsel der Barriques für die Reifung – alles mit dem Endziel, Premiumweine zu erzeugen. Der Erfolg, auch auf internationaler Ebene, ließ nicht lange auf sich warten – eine beachtliche Leistung, wenn man bedenkt, dass die Produktion erst 1995 aktiviert wurde. Jacopo Morganti, Betriebsleiter und reinrassiger *chiantigiano*, lädt uns zur Verkostung der bislang einzigen zwei Etiketten des Hauses: I Massi del Colombaio, ein Chianti Classico Riserva, und Il Futuro, ein komplexer Supertoskaner aus Sangiovese und Cabernet Sauvignon von beachtlicher Konzentration, mit einem Bouquet von ausgeprägter Feinheit, in dem wir vor allem Kirschen und Vanille wahrnehmen und der uns am Gaumen mit einer mitreißenden fruchtigen Geschmacksprozession und einem im Ansatz schokoladetönigen Finale begeisterte: Dank seiner Langlebigkeit sind zusätzliche Genussfacetten zu erwarten.

Futuristischer Weinberg

Im folgenden Text haben wir den von Baron Giovanni Ricasoli Firidolfi an den Tag gelegten mutigen Unternehmergeist erwähnt, den wir hier an einem Musterbeispiel veranschaulichen: Vor kurzem wurde auf Cacchiano ein 7 ha großer Weinberg bei einer Stockdichte von 6.589 Reben pro Hektar angelegt. Als Reberziehungssystem für dieses im Chianti neue Experiment adoptierte man die Bäumchenform (alberello).

"Castello di Cacchiano ist der bisher einzige Betrieb im Chianti Classico, der sich mit bislang nie erreichten Pflanzdichten von den üblichen Weinbaupraktiken abhebt".

DIE RICASOLIS VON CACCHIANO

Auf dem herrschaftlichen Landsitz Cacchiano, der seinen Ursprung als wehrhafte Festung nicht verleugnet, erwartet uns der junge Besitzer, Giovanni Ricasoli Firidolfi, derzeitiger Präsident der Stiftung und Chianti-Liga, der die neue Generation eines Zweigs der berühmten Adelsfamilie repräsentiert. Der Alltag des Barons verläuft zwischen dem Familien-palais in der florentinischen Via Maggio und den Mauern dieser eindrucksvollen Wehranlage, die vor mehr als einem Jahrtausend auf dieser wegen ihrer strategischen Lage immer wieder von Florentinern und Senesen heiß umkämpften Hochebene von Monti in Chianti errichtet wurde, wo der Weinbau seit altersher den hauptsächlichen Wirtschaftszweig darstellte. Mit professionellen weinwirtschaftlichen Kriterien begann man auf Cacchiano allerdings erst 1974 zu arbeiten. Das erste Etikett kreierten Baron Alberto und Gattin Elisabetta Balbi Valier mit dem Chianti Classico Castello di Cacchiano. Seit wenigen Jahren hat der Sohn Giovanni die Leitung des 200 ha-Guts (31 Hektar Rebfläche; 35 ha Olivenhaine) übernommen und beachtliche Investments in Weinberg und Keller getätigt. Sein erklärtes Zielobjekt ist die optimale Qualifizierung seiner Produktion: "Ich bin überzeugt, dass die hohe Qualität des Endprodukts von akribischer Arbeit im Weinberg und einer korrekten Interpretation der Eigenheiten des Terroirs, in erster Linie aber von den jeweiligen Jahrgangscharakteristiken bedingt wird. Wir setzen alles daran, einen Wein zu gewinnen, der sich durch unverkennbare Typizität auszeichnet".

Nachdem er uns durch die jüngst renovierten Vinifizierungs- und Reifekeller begleitet hat, sehen wir zwei Flaschen vor uns, die unser Interesse als Weinliebhaber erwecken. Der Baron reicht uns ein Glas mit einem wohldosierten und bereits chambrierten Grand Cru Chianti Classico Castello di Cacchiano. Ein Wein, in dem der strenge und tanninlastige Charakter des Sangiovese von anderen Varietäten gemildert wird, wobei wir den weinigen und fruchtigen Duft des Merlot zu erkennen vermeinen. Wir fragen nach dem Rebsatz, da wir keine Spur des unverwechselbaren und aristokratischen, doch mitunter vordergründigen Cabernet Sauvignon wahrnehmen: "90% Sangiovese, 5% Merlot, und insgesamt 5% Canaiolo, Malvasia Nero und Colorino", erklärt Giovanni Ricasoli, während er uns ein zweites Glas zur Degustation eines Weines reicht, der uns unmittelbar mit großer Struktur, einem komplexen und nachhaltigen Duftspektrum und einem exzentrischen Individualcharakter beeindruckt. Da auch hier keine Cabernet-Note aufscheint, fragen wir, ob es sich um einen sortenreinen Sangiovese handelt. Doch hier haben wir uns geirrt.
"Ein urtoskanischer Wein der neuen Generation, aus 90% Sangiovese und 10% Canaiolo, Malvasia Nera und Colorino".
Es ist der 'Millennio', die Nobeletikette des Hauses.
Vermutlich hat auch der mutige Verzicht auf die Cabernet-Rebe für seine Weine zugunsten einer Aufwertung traditioneller Rebsätze nicht wenig dazu beigetragen, dass für viele vom Fach Giovanni Ricasolis bisherige Leistungen zu den interessantesten und innovativsten auf dem Sektor gewertet werden.

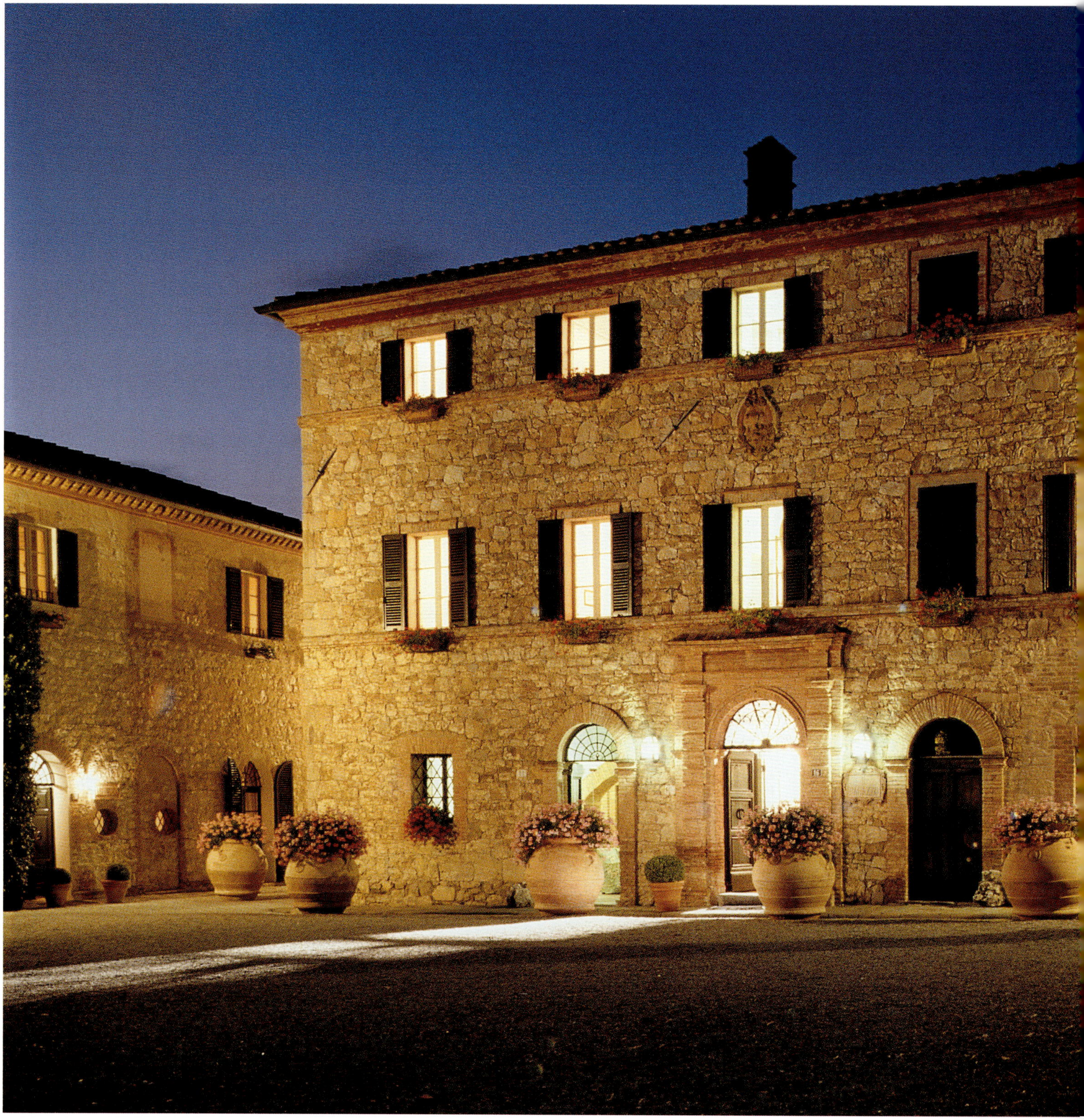

SAN FELICE, EIN 'BORGO' IM CHIANTI

San Felice stellt eine delikate Balance zwischen Überfluss und Genügsamkeit dar. Von toskanischer Schlichtheit geprägt ist der einladend offene Zugang ohne Tore und Umzäunung, Ausdruck der maßvollen Struktur eines antiken Bauerndorfs, das seinen zurückhaltenden, stillen Charakter nicht abgelegt hat. Im Überfluss generös und elegant hingegen die unmittelbar als warmherzig empfundene gastliche Aufnahme in der finessenreichen Szenerie eines Restaurants, in dem das von außen eindringende diffuse Licht ein Gefühl der Friedlichkeit verbreitet, das sich auch auf den großen, perfekt in das Ambiente eingefügten Swimmingpool überträgt und in den antiken Mauern und den stilvoll eingerichteten Suites und Apartments des Relais widerspiegelt. Obwohl wir uns mitten in einem Betrieb befinden, ist nichts von hektischen Produktionsabläufen zu bemerken: Ein perfekt organisierter Mikrokosmos, in dem alles lautlos, wie ein gut geölter Mechanismus verläuft, sodass ein Aufenthalt auf San Felice dem Gast ungewöhnlich friedvollen und stimulierend heiteren Relax zu bieten vermag.

Giovanni Gorio, Ingegneur aus Mailand, hat den nahe zu Siena gelegenen Chianti zu seinem Domizil erkoren und leitet das komplexe Unternehmen mit der sicheren Hand eines Regisseurs, der auf ein reizvolles Bühnenbild und ein gut durchdachtes Drehbuch zählen kann und es vorzieht, den Reigen von hinter den Kulissen aus zu dirigieren, ohne ein Detail der Szene aus dem Auge zu verlieren und nur interveniert, wenn ein Darsteller Rat für den optimalen Nachvollzug seiner Rolle benötigt. Er findet auch die Zeit, uns persönlich alle verborgenen Schätze von San Felice aufzudecken – als erstes den 'Borgo' mit seinen steinernen Bauernhäusern, die im Respekt der architektonischen Lokaltradition behutsam restauriert wurden. Wenngleich die unverputzten Steinfassaden denselben Stil aufweisen, stammen die Gebäude aus verschiedenen Epochen. So wurden das Herrenhaus und einige andere Konstruktionen im 19. Jahrhundert erbaut, doch hinter der geräumigen Piazza vor der Villa verbirgt sich der kleine mittelalterliche Weiler, der substantiell seine ursprünglichen Merkmale beibehalten hat: "Die Überdachungen, Loggien, Außenstiegen, Taubenschlag-Türmchen, die in bescheidene Erweiterungen mündenden Gässchen, die Fußböden aus Cotto und Stein, die Hütten (wegen Brandgefahr isolierte Heuschober) sind allesamt typische Elemente der mittelalterlichen Chianti-Dörfer."

Wir sind jedoch auch und vornehmlich wegen des Weins von San Felice gekommen, dem Leitmotiv des Betriebskomplexes. Zum Mittagessen öffnet Gorio eine Flasche Vigorello, ein großartiger

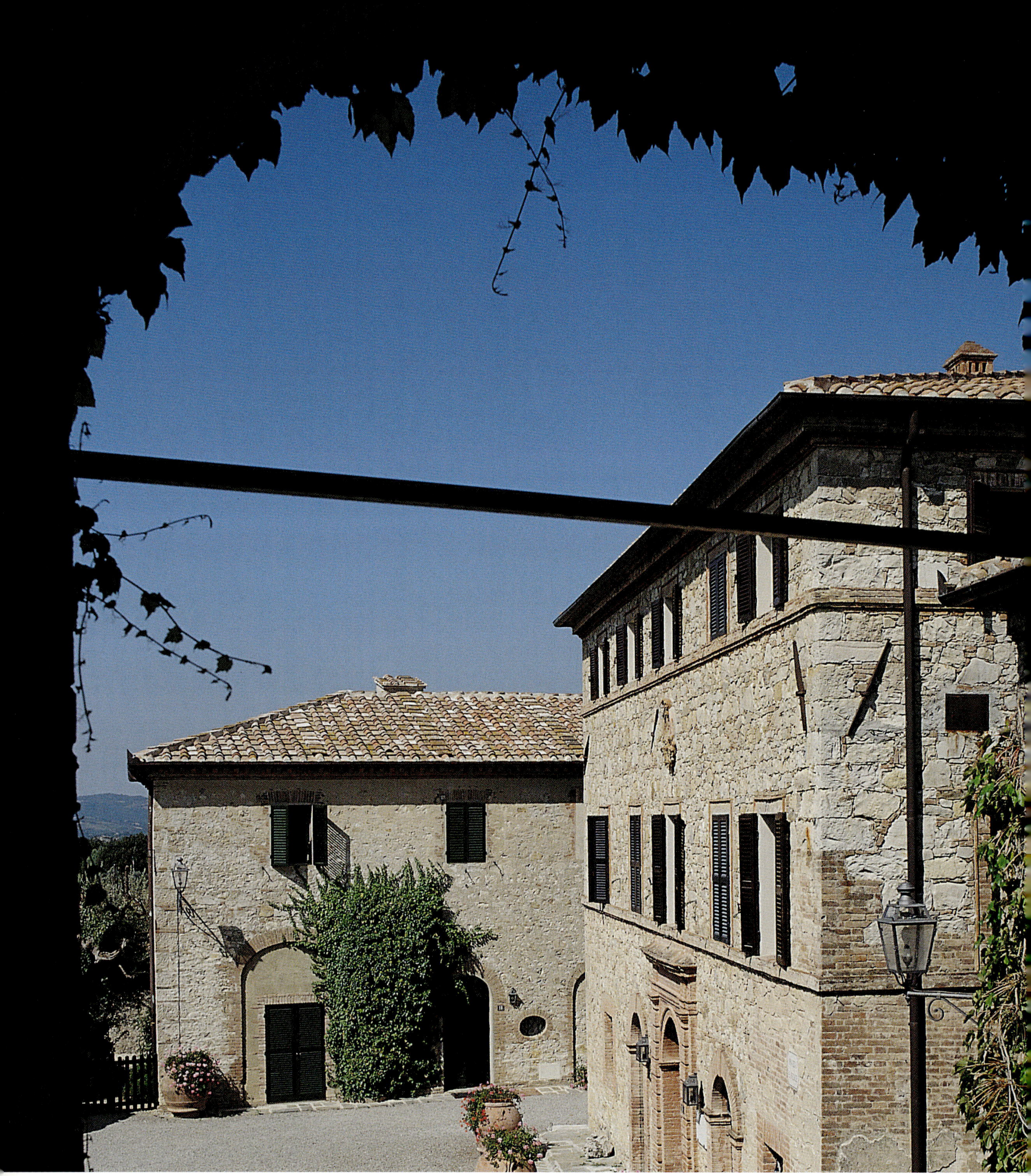

Der exquisite Wein von San Felice

Aus einem an Lelio del Taja, den damaligen Besitzer der Domäne, gerichteten Brief vom 11. Dezember 1683: "Um den Geschmack jener Herrschaften besser zu treffen, habe ich mich um guten Wein umgesehen und will Euch sagen, dass dieser von dort stammt, da sie stets höchsten Wert auf einen guten Fiasco Wein aus jenem Ort gelegt haben."

und mittlerweile historischer Wein, dessen Kreation dem Bedürfnis nach innovativen Experimenten entwachsen ist. Denn sicher soll Tradition respektiert und vor allem aufgewertet werden, doch sind gelegentliche Ausnahmen von der Regel auch ein Beweis für aufgeschlossene Mentalität und intelligenten Forschungsdrang.

Als dieses Gewächs gegen Ende der sechziger Jahre reüssierte, rief das Experiment durch den "häretischen" Rebsatz heftige Diskussionen hervor. Es durfte sich nicht Chianti Classico nennen, da es einen Anteil Cabernet Sauvignon enthielt, eine heute vielseitig adoptierte Rebsorte, die mittlerweile auch (wenngleich in geringem Maß) für den Rebsortenspiegel des Chianti Classico zugelassen ist.

Während jener Jahre verzeichnete das Territorium die ersten bedeutenden Investments für den Relaunch der Weinwirtschaft und in diesem Klima kaufte die Versicherungsanstalt Riunione Adriatica di Sicurtà R.A.S. 1978 den Komplex San Felice, der heute über mehr als 200 Hektar Rebfläche verfügt. Hier wird nicht nur Wein erzeugt, sondern auch seriöse Forschung in Zusammenarbeit mit den Universitäten Florenz, Siena und Pisa betrieben. Die weinbaulichen Recherchen konzentrieren sich insbesonders auf die Klonenselektion, die Bewahrung des Generbes der einzelnen Rebsorten und die adäquatesten Rebunterlagen, Erziehungsformen und Anbautechniken.

Nach den Weinen von San Felice kann man nicht umhin, auch vom Olivenöl von San Felice zu sprechen, das wir während des Mahls ausgiebig verkosten konnten: Moderat würzig, sehr angenehm, mit fruchtigen und intensiv vegetalischen Noten - ein Öl von seltener Balance, die Frucht aufmerksamster Pflege der auf 70 Hektar kultivierten Olivenbäume, die das schöne ländliche Relais wie zum Schutz vor den schrillen Tönen des heutigen Alltags umkränzen.

OLIVENÖL IM TONGEFÄSS

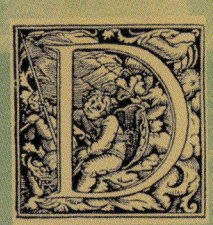

Die Olivenhaine, die heute ausgedehnte Gebiete der Region bedecken und den sanften Hügelwellen der florentinischen und sienesischen *campagna* besonderen Charme verleihen, sind relativ jungen Datums, da die Produktion von Olivenöl vormals weitaus bescheidener war und Ölbäumkulturen erst ab der Mitte des 19. Jhs. intensiviert wurden. In der Vergangenheit war Olivenöl teuer und daher der wohlhabenden Schicht vorbehalten; es fand auch für kosmetische Zwecke Gebrauch, während zum Kochen überwiegend Schweineschmalz und Speck verwendet wurde. Erst im 15. Jahrhundert beginnt man das lokale Olivenöl zu exportieren und wird sich bewusst, dass sich ein Großteil der toskanischen Territorien aufgrund der kargen Bodenbeschaffenheit und ausreichend Sonneneinfall für den Olivenanbau eignet. Im empfehlenswerten Öl-Guide des *Gambero Rosso* (die Autoren Marco Sabellico und Marco Oreggia, sind Herausgeber einer Reihe, die sich durch akkurate Information und schöne Gestaltung auszeichnet) lese ich eine Definition, die ich mir gerne 'aneigne': "*Das toskanische native Olivenöl extra ist von grüner Farbe mit zarten, mehr oder weniger intensiven gelben Reflexen; vegetabiler Duft mit Anklängen an frische Kräuter und Artischocken. Im Geschmack ausgeprägte fruchtige und pflanzliche Nuancen, pikanter Nachgeschmack und mandeltöniger Abgang. Unter den berufensten Anbaugebieten sei der Chianti Classico erwähnt…*" Die vielen nativen Olivenöle der Toskana – die delikaten aus dem Umfeld von Lucca und aus den Livorneser Hügeln, die körperhaften, würzigen aus der Maremma, die stets milden, doch charakterstarken aus den Florentiner, Chianti- und Sieneser-Hügelzonen – sind allesamt von erstklassiger Qualität, wenn auch den Produkten aus dem magischen Territorium zwischen Florenz und Siena ein besonderes Prestige zuerkannt wird. Eine signifikante Tatsache. Überdies besitzt Olivenöl beachtliche therapeutische Eigenschaften – es enthält kein Cholesterin LDL, wirkt mit dem "guten" HDL-Cholesterin als

Schutzfaktor gegen Arteriosklerose und kardiovaskuläre Erkrankungen, dank der Antioxidantien gegen Magengeschwüre und Gastritis. Sogar Neugeboren kann natives Olivenöl extra tropfenweise verabreicht werden, da es durch den optimalen Gehalt an Linolsäuren (mehrfach ungesättigte Fettsäuren, auch in der Muttermilch enthalten) die Knochenstruktur verstärkt, Mineralspuren zuführt und die Bildung der Nervenzellen fördert.

Der selbstbewußte Toskaner konsumiert natives Olivenöl extra als Nahrungsmittel und Würze, nur im Notfall zum Ausbacken. Als letztes noch ein gastronomischer Tipp: Frisch gepresstes Öl wird am besten roh zu Gemüsesuppen, *ribollita*, gekochten Bohnen gegeben, während es sich nach einigen Monaten ideal zum Würzen von Salaten, Rohkostplatten und zum Kochen eignet.

Das Olivenöl D.O.P des Chianti Classico
Hinsichtlich der auf Qualitätsaufwertung, Garantie und Schutz des Endprodukts ausgerichteten Produktionsnormen ist die Toskana eine Pilotregion. Insbesonders wurde kürzlich das im Chianti Classico produzierte native Olivenöl extra mit der Zuerkennung der Schutzmarke D.O.P. (*Denominazione d'Origine Protetta*, geschützte Ursprungsbezeichnung) prämiert, die, wie das Äquivalent für Wein, mit besonders strengen und selektiven Vorgaben bestrebt ist, die Olivenölproduktion der Chianti-Zone zusätzlich zu verbessern und zu schützen. Und genau wie die Rebsorten für den Wein, spielen auch die autochthonen Olivensorten eine erstrangige Rolle: "Das native Olivenöl extra Chianti Classico wird aus Oliven erzeugt, die aus im entsprechenden Kataster eingetragenen Olivenhainen geerntet werden, die zu mindestens 80% mit den Varietäten Frantoio, Correggiolo, Moraiolo, Leccino, in Monokultur oder gemischt, und zu maximal 20% mit anderen lokalen Sorten bepflanzt sind."

DIE 'BADIA DER GUTEN ERNTE'

Hinter den Mauern der einstigen antiken Abtei schrieben die Vallombrosaner-Mönche die erste offizielle Geschichte des Chianti-Weins. Es wurde gebetet, meditiert, geschrieben, doch sobald sie die klösterlichen Zellen verließen, widmeten sich die Mönche in Observanz der Benediktregel und des Ordenserneuerers Giovanni Gualberto der Arbeit auf den Feldern. Sie können als wahre 'Weinbau-Spezialisten' gelten, denn in der Tat hatten sie im Umfeld der Abtei die ersten Weinberge zu Beginn des 2. Jahrtausends gepflanzt und damit die Geschichte des in eine wunderbare Landschaft eingefügten, eindrucksvollen Komplexes begründet, der zu den ursprünglichsten und schönsten des 'echten' Chianti-Territoriums zählt. Anstelle der Mönche residiert hier heute die Familie Stucchi Prinetti, seit etwa 150 Jahren Besitzer und Bewahrer des exklusiven Szenariums, sowie renommierte Weinerzeuger. Dank des Engagements von Pietro Stucchi Prinetti und seiner Gattin Lorenza de' Medici, repräsentiert der Chianti Classico Badia a Coltibuono seit vier Jahrzehnten einen Stellenwert, der nachhaltig zur Renaissance des modernen Chianti beigetragen hat. Das Weingut (das nicht nur Wein und Öl produziert, sondern als polivalente Struktur über eine straffe Organisation verfügt, die sich mit mannigfachen Aspekten, von der Gästeaufnahme bis hin zum Restaurant beschäftigt) steht nunmehr unter der Leitung der Sprösslinge. Roberto waltet als Direktor und feinfühliger Önologe, während Emanuela für Marketing und Verkauf zuständig ist und überdies auch als Präsidentin des *Consorzio del Marchio Storico Chianti Classico* amtet. Aus den circa 50 Hektar Rebbergen gehen berühmte Etiketten hervor – etwa der Badia a Coltibuono Riserva und der Badia a Coltibuono Selezione Roberto Stucchi, ein reinsortiger Sangiovese, der durch sein breitgefächertes Bouquet und am Gaumen mit der hervorragenden Balance eines charakterstarken, doch nie exzessiven Tanningerüsts besticht und den Geschmacksreigen mit finessenreichen Anklängen an Waldfrüchte und Iris eröffnet. In dieser kurzen Wein-Reise vermerken wir, dass Badia a Coltibuono zu den wenigen Betrieben zählt, die sich kompromisslos zum Verzicht auf den Zusatz französischer Edelreben zum Sangiovese entschieden haben - ein bis noch vor wenigen Jahren schwieriger, doch heute prämierender Entschluss, denn alle Chianti Classico-Gewächse von Coltibuono werden entweder als reinsortige Sangiovese, oder mit einem geringen Canaiolo-Anteil herausgebracht. Wie es die Tradition verlangt.

QUERCIABELLA

Obwohl die Strukturen großteils jüngeren Datums sind, präsentiert sich Querciabella als Paradigma eines ländlichen Chianti-Dorfs, da der 'Philologie' der lokalen Architektur folgend, unverputzter Sichtstein und Cotto-Dachziegel dominieren. Inhaber ist eine bekannte Mailänder Unternehmerfamilie. Giuseppe Castiglioni und der Sohn Sebastiano Castiglioni, die die Domäne im Chianti 1972 erwarben, haben einen der erfolgreichsten innovativen Weinbetriebe in der *campagna* von Greve aufgezogen. Wir sind zu einer Degustation eingeladen. Wir hatten schon viel vom Batàr, Supertuscan und einer der Bannerweine des Hauses gehört, zu je 65% aus Chardonnay und 35% Pinot Bianco komponiert, in der Barrique gereift und als IGT Toskana vermarktet. Obwohl eingefleischte Rotweinfans, sind auch wir von diesem Weißen mit dem vielschichtigen Aromenspektrum begeistert.

Natürlich produziert man auch Chianti Classico. Wir verkosten den Querciabella, ein fast sortenreiner Sangiovese mit geringen Zusätzen von Merlot, Cabernet Sauvignon und Syrah: Schöne Struktur, vigoröse Edeltannine und eine Ahnung von Irisduft.

Dievole:

Rebberge und Wälder

Das Weingut Dievole erstreckt sich über circa 400 Hektar, davon sind 96 ha spezialisierte Rebfläche. Anlässlich der Traubenlese verwandelt sich die große Kelleranlage, die sich in zwei Korridoren von fast 200 m Länge entwickelt, in die Stätte für ein großes Fest, an dem alle Einwohner von Dievole teilnehmen.

EIN TAG IN DIEVOLE

In einer Broschüre über Dievole und seine Weine blätternd, lese ich: "Landwirt sein, bedeutet nicht nur, mit Spaten, Harke und Pflug gewandt zu sein und Rebschnitt und Traubenernte zu meistern, sondern vor allem die Scholle mit den Wolken, Himmel und Erde zu einem einzigen Ganzen zu verbinden." Perbacco! Ein starker Spruch von prophetischer Poesie. Eine unerwartete Aussage, auf die ich nicht vorbereitet bin, die mich anzieht und auch ein wenig irritiert. Ich muss den Autoren dieser tiefgründigen Botschaft – und der Renaissance des Weinguts Dievole - kennenlernen: "Mario di Dievole", alias Mario Felice Schwenn, noch nicht vierzig; von Einigen als Kommunikationsgenie bezeichnet, von Anderen als Phänomen der Medien. So wird meine Neugier unbezähmbar. Ich kenne bereits einen großen Wein, habe viel Lobenswertes gehört und nun diese lautstarke Aussage, mit der ich mich auseinandersetzen und deren Sinn ich begreifen will. Grund genug für einen interessierten "Lokalaugenschein".

So finde ich mich in Dievole ein. Ein Mitarbeiter begleitet mich zur Verabredung mit diesem jungen Unternehmer auf seinem Gut: Eine schöne Villa aus dem späten 18. Jahrhundert, um die sich ausgedehnte Weinberge und Waldungen erstrecken, zwischendurch Bauernhäuser. Kurz, einer der vielen ästhetisch relevanten Orte im Chianti, Produktionsstätte eines bedeutenden Weines und eines ebenso hochgeschätzten Olivenöls. Doch sobald man zu der von Zypressen gesäumten Auffahrt kommt, nimmt man feine Unterschiede wahr.

Eine Agrarlandschaft ohne große Eingriffe, doch gepflegt, mit Bauernhöfen, die nicht wie einem Trendmagazin für modische 'Landsitze' entnommen wirken. Echte, mit Feingefühl restaurierte Bauernhäuser, die nicht ihrer Seele beraubt wurden. Bevor man die Villa erreicht, begegnet man einem etwas abgesondert situierten Kirchlein-Oratorium aus dem *Cinquecento*, doch vermeine ich die Fundamente eines viel älteren Vorgängerbaus zu erkennen. Junior Appiani, mein junger, gebildeter Begleiter, bittet mich Platz zu nehmen. Während er ein kleines Ledersäckchen holt, nimmt er einen ekstatischen Ausdruck an wie jemand, der sich einem sakralen Element nähert: "Es ist das erste mal, dass ich es in der Hand halte. Mario sagte, ich sollte Ihnen den Inhalt zeigen".

Dieser entpuppt sich als sechs Münzen, wie sie die Münzprägestelle von Lucca lange Zeit, bis 1080 herausgegeben hatte, und mit denen sich zehn Jahre danach, am 10. Mai 1090, eine Gruppe von Bauern bei den Verwaltern der Kartäuse Piescola das Pachtrecht für die Ländereien von Dievole zusicherte, was sie zusätzlich zwei Kapaune und drei Brotlaibe kostete. Kleine silberne Münzen, die vor mehr als tausend Jahren den Beginn der lokalen Landwirtschaft und Gemeinschaft besiegelten und, perfekt reproduziert, heute wie ein Adelspatent die Flaschen des prestigeträchtigsten Gewächses des Hauses, 'Novecento', auszeichnen, ein Chianti Classico Riserva aus spät gelesenen Trauben, der die vorzüglichsten Eigenschaften des Sangiovese und anderer autochthoner roter Varietäten vollendet zum Ausdruck bringt.

Es folgen eine Kellervisite und eine Degustation, die in einem Lokal des Innenhofs stattfindet. Das Abendessen nehme ich mit Edmund J. Diesler ein, Freund, Önologe und engster Mitarbeiter von Mario Schwenn.

Der sympathische Mann, der mich detailliert über den gesamten Produktionsverlauf auf dem Weingut informiert, scheint zufrieden und glücklich. Meine diesbezügliche Frage verblüfft ihn zunächst, dann aber vermerkt er lächelnd: "Nun, die Arbeit hier mit Mario ist in der Tat eine besondere Sache".

Aufgrund einer unvorhergesehenen Verpflichtung kommt es nicht zur direkten Begegnung mit Mario. Doch seine betriebliche-kommunitäre Vision ist unmittelbar verständlich. Man hält sich hier nicht an konventionelle Gesellschaftsregeln, will heißen, es gibt weder fixe Regeln noch eine starre Organisation, sondern Menschen, die sich mit echtem, aus purer Arbeitsfreude geborenen Enthusiasmus in einem spezifischen Bereich engagieren, so als ob sie sich allesamt als unersetzliches Element in diesem von heiterer Philosophie und Gastlichkeit geprägten Betriebsgefüge verstehen würden.

Der Enthusiasmus einer Großfamilie, die weder Klassenunterschiede noch Gebieter kennt.

"Weinberg-Meister"

Die Weine von Dievole sind der Tradition, oder vielmehr der Prototradition verbunden. Besser gesgt: Im Chianti bemühen sich zahlreiche Betriebe, die authentische Klone des Chianti aufzuwerten, was hier jedoch auf die Spitze getrieben wird: Einverstanden mit dem Sangiovese in seiner dominanten Banner-Rolle, okay auch für den – von den meisten mittlerweile stark vernachlässigten – Canaiolo und für den Colorino, den heute nur wenige in Betracht ziehen. Doch wenn man entdeckt, dass die sechzehn betriebseigenen Weinberge die Rebenpopulationen der toskanischen Weinarchäologie bergen, vom Aussterben bedrohte und dank einer zielstrebigen Strategie gerettete Varietäten, gerät man ins Staunen. Wir wollen diese "Novitäten" auflisten, die auf die Ursprünge unserer Weinbaugeschichte zurückreichen, und fühlen uns dabei wie ein Forscher, der die Reste einer toten Stadt oder das verloren geglaubte Werk eines antiken Meisters entdeckt: Sie nennen sich Ancellotta, Barsaglina, Foglia Tonda, Aleatico, Ciliegiolo, Prugnolo Gentile, Mammolo, Seragiolo, von anderen Zeugen einer

Gemeinschaftsarbeit mit der Universität Siena

Vor kurzem wurde Dievole die Chance geboten, in der im Besitz der Universität Siena stehenden nahen Kartäuse von Pontignano einen agro-ökologischen Park mit einem Weinberg anzulegen. Zielobjekt ist die Bewahrung und der Schutz antiker Weinbaumethoden. Im Rahmen dieser Initiative ist auch die Realisierung eines neuen "uralten" Cru vorgesehen, eine absolute Neuigkeit, die voraussichtlich im Jahr 2006 reüssieren wird.

jüngeren Geschichte begleitet, die man hier als "zeitgenössische Klassiker" bezeichnet, wie der Canaiolo a Raspo Rosso, die Malvasia Nera sowie diverse Sangiovese-Klone. Die Arbeit vollziehen *maestri di vigna*, die "Weinberg-Meister", ein ebenfalls suggestiver Begriff, der den Respekt für die hohe Kunst des Handwerks im Feld zum Ausdruck bringt. Andernorts würde man diese Protagonisten der Landwirtschaft einfach als Bauern bezeichnen, hier zollt man ihnen einen Ehrenbeweis für ihren verdienstvollen Einsatz.

Ich beobachte Armando, auf den mich Junior aufmerksam macht, bei der Arbeit. Andere sind in weiter entfernen Weinbergen tätig. Ihre Gesichter findet man im Etikett eines der interessantesten und 'provozierendsten' Gewächse des Hauses abgebildet: Il Rinascimento, aus 80% Malvasia Nera und 20% Sangiovese, Canaiolo, Malvasia Bianca, nach der traditionsreichen *governo*-Methode ausgebaut.

Ein Wein der, wie Mario schreibt: "...die Sortentypizität in voller Stärke zum Ausdruck bringt...charakterstarke, nervige Weine, die in einem ungewöhnlich breitbandgen Duftspektrum fruchtige Facetten entwickeln."

Ich kenne nicht die Namen der anderen Meister des Weinbergs.

Doch in ihren Gesichtern spiegelt sich das DNS der Figuren der Meisterwerke von Duccio und Simone Martini wider:

Das DNS von Dievole und von Siena.

So fällt es mir leicht, am Ende des Besuchs das Motiv zu begreifen, das den stolzen Worten über Scholle und Wolken, Himmel und Erde zugrunde liegt. Dievole ist taktil und emotiv, fraulich sensibel und tugendhaft, der Klon einer patriarchalischen Familie, in der alle gleich sind vor der Erde, die sie geboren hat und die sie nährt. Intuitiv erfasst man: Dievole ist wie ein antikes Buch, das einem beim Durchblättern den überraschenden Eindruck vermittelt, selbst darin erfasst zu sein.

CONSORZIO
DEL MARCHIO STORICO
CHIANTI CLASSICO

strada del vino chianti classico →

Wer sich in die Atmosphäre versetzen möchte, die einst Niccolò Machiavelli umgab, den Politiker und Schriftsteller, dessen pragmatischer Scharfblick in seinen Werken zutage tritt, braucht sich nur in Sant'Andrea in Percussina zwischen den antiken Gebäuden umsehen. Wie er auf seinem dortigen Landgut die Zeit während einer nicht besonders glücklichen Lebensphase verbrachte, schildert Machiavelli in einem Brief an den Freund Francesco Vettori (florentinischer Politiker und Geschichtsschreiber) vom 10. Dezember 1513: *"... Nach dem Essen gehe ich wieder in die Lokande, wo üblicherweise der Wirt selbst, ein Fleischer, ein Müller und zwei Ziegelbrenner zu treffen sind. Mit diesen spiele ich, wie ein Tölpel, den ganzen Tag mit Würfeln oder Karten, meistens um Geld, mit tausend Streitereien, so dass man uns bis nach San Casciano schreien hört."* - Der große Intellektuelle enthüllt uns hier eine unvermutet derbe Charakterseite (..)*Wenn dann der Abend kommt, kehre ich nach Hause zurück und in mein Schreibzimmer. Auf dessen Schwelle ziehe ich das lehmverschmutzte Gewand des Tages aus, und in angemessener Kleidung trete ich in die Geisteswelt der antiken Meister ein...".* Machiavellis "Zuhause" ist mit der einst als "Albergaccio" bezeichneten Villa Bossi-Pucci identisch, die Lokande, in der er mit dem Landvolk lärmte, vermutlich mit der heutigen Keller-Taverne, wo man Spezialitäten der Lokalküche in Begleitung ausgezeichneter Chianti-Weine genießen kann. Gegenüber der Taverne liegt der Sitz des Consorzio del Marchio Storico - Chianti Classico, ein Schutzverband für die Diffusion, Aufwertung und Kontrolle dieses großen Weins.

Consorzio del Marchio Storico - Chianti Classico

"Mit dem erklärten Objektiv des Schutzes der Chianti Classico-Produktion versammelte sich am 14. Mai 1924 eine Gruppe von 33 Erzeugern in Radda zur Gründung eines Schutzverbands für den Wein Chianti und seine Ursprungsbezeichnung. Dieses Gremium - das später den Namen *Consorzio del Marchio Storico-Chianti Classico* annahm - widmet sich mit unmittelbarer Gültigkeit der Qualifizierung und der Promotion des Produktes". Die Zahl der Mitglieder ist heute auf über 600 angewachsen (davon vermarkten 250 ihre Weine unter eigenem Etikett), die mit einer im spezifischen Weinbergkataster eingetragenen Rebfläche von 5.000 Hektar mehr als 80% der Chianti Classico-Gesamtproduktion repräsentieren. Seit 1996 ist der Chianti Classico eine eigenständige DOCG (kontrollierte und garantierte Ursprungsbezeichnung), da mit einem Ministerialdekret vom 5. August 1996 ein separates Disziplinar für die Bezeichnung "Chianti Classico" approbiert wurde.

Dieser Text wurde vom Consorzio del Marchio Storico beigestellt

Die Arbeit des Konsortiums

Die Organisation des Konsortiums ist mit allen internen Strukturen ausgerüstet, die zur Erfüllung seiner institutionellen Pflichten notwendig sind. Diese betreffen die Qualifizierung des Endprodukts, Produktionskontrollen, sowie die Promotion der Konsortiumsmarke und der Weine der Mitgliederbetriebe. Letztere werden rigorosen Kontrollen unterzogen und sind verpflichtet, die Vorgaben der Konsortiumstechniker zu respektieren und ihre Produkte zur organoleptischen Bewertung seitens der Verkostungskommisionen sowie für chemische Analysen einzureichen, für die ein weitaus strengerer Standard als der vom Weingesetz vorgeschriebene adoptiert wurde. Beispielsweise wird alljährlich unmittelbar nach dem Mostabstich der "Jahrgangsstandard" für den Chianti Classico festgelegt, da die Verfügbarkeit einer ansehnlichen und für das Gesamtterritorium repräsentativen Musteranzahl die Erstellung (nach mehr als 90 diversen Einzeldeterminierungen) der durchschnittlichen Jahrgangscharakteristiken erlaubt: Nur wenn die Produkte der Mitglieder allen prädeterminierten Werten entsprechen, haben sie Anrecht auf das Chianti Classico Markenzeichen.

Das Technikerteam führt zudem Recherchen und Experimente im agronomischen Bereich aus und ist insbesonders, gemeinsam mit dem *Consorzio Vino Chianti Classico*, an der Realisierung eines Projekts für die seit einigen Jahren laufenden Neubestockungen der Weinberge beteiligt. Vorgesehen ist eine etwa 75%ige Erneuerung des alten, nicht mehr optimal produktiven Chianti-Patrimoniums, das nicht vor 2010-2012 abgeschlossen sein dürfte, auf der Basis der Resultate der im Rahmen des "Progetto Chianti Classico 2000" geleisteten Forschungen und Experimente. Zu den verschiedenen Themenbereichen des Versuchsprojekts zählen die Prüfung der bio-agronomischen Verhaltensmuster und die önologische Eignung einiger bereits freigegebenen Klone der wichtigsten Rotweinsorten (an erster Stelle aller Sangiovese-Spielarten), Recherchen im Feld über Anbautechniken, Affinitätsprüfungen der Unterlagsreben. In diesem Rahmen wird auch ein 10-Jahresprogramm zur Selektion bereits im Territorium vorhandenen Erbmaterials zur Determinierung von präsumptiv zur Freigabe geeigneten Klonen fortgeführt.

In diesem Zusammenhang soll erwähnt werden, dass 1999 nach allen einschlägigen Prüfungen vier, im Chianti Classico-Anbaugebiet selektierte, also autochthone, Sangiovese-Klone offiziell freigegeben wurden.

Der Ruraldistrikt des Chianti

Die im Chianti Classico aktiven Schutzverbände (Chianti Classico, Marchio Storico, natives Olivenöl extra DOP, 'Terre del Chianti') haben sich in den letzten Jahren eindringlich für die Anerkennung ihres Territoriums als "Ruraldistrikt" eingesetzt. Das Motiv basiert auf verschiedenen Erwägungen, die für die Erzeugerwelt und die Lokalökonomie im Allgemeinen von höchster Bedeutung sind. Erstens hat sich die wirtschaftliche Struktur der Weinbetriebe im Chianti Classico mittlerweile zu einem "System" entwickelt – eine durch die ausgeprägte Integration korrelierter Aktivitäten (Weinbau, Agritourismus, Kunstgewerbe, Önogastronomie, etc.) charakterisierte Zone, deren "Sachwert" die Bestrebung nach einem kontinuierlichen Qualitätszuwachs des Produkt- und Dienstleistungsangebots verkörpert. Zweitens wird der Distrikt-Status als unabdingbare Prämisse für die Verträglichkeit des Wirtschaftswachstums in diesem Sektor empfunden, da die Steigerung der Konkurrenzfähigkeit ausschließlich mittels einer systematisch ausgerichteten Wirtschaftspolitik gewährleistet werden kann.

Die 'Fondazione per la Tutela del Chianti Classico'

Diese Stiftung, eine Institution ohne Erwerbszweck, widmet sich der Bewahrung des künstlerischen Erbes des Territoriums und dem Ambiente.

Dieser Text wurde vom Consorzio del Marchio Storico beigestellt

Die heutige Chianti-Liga hat ihren Ursprung in der gleichnamigen historischen Institution, die zu Beginn des XIV. Jahrhunderts gebildet wurde, als Gaiole, Castellina und Radda ein Bündnis mit dem Emblem eines stilisierten schwarzen Hahns schlossen, das in einer straffen militärischen Organisation, aber auch in Statuten mit präzisen Regeln hinsichtlich honetter Weinbaupflege und Weinerzeugung gipfelte. Die 1970 'wiederbelebte' *Lega del Chianti*, der heute Frauen und Männer aus allen Nationen angehören, bezweckt eine Wiederbelebung des Landlebens und einer damit verknüpften Religiosität, die sich durch Freundschaft und Solidarität auszeichnet, sowie eine Aufwertung der mannigfachen historischen, künstlerischen, und landschaftlichen Schätze und Überlieferungen, mit zahlreichen Initiative.

Wie in der Vergangenheit gliedert sich die Liga in drei *'Terzieri'* - Gaiole, Castellina und Radda, während Florenz, Siena und Greve als *'Pivieri'* erfasst sind, mit einem Gegenpart in Deutschland, in der Schweiz und in Österreich. Innerhalb dieser komplexen Organisation mit einer einflussreichen, an die katholische Kirche gebundene Komponente, wirken die Mitglieder in verschiedenen Bereichen mit dem gemeinsamen Ziel: Schutz und adäquate Zukunftspläne für den Chianti. Diskutiert werden auch Themen wie Malerei, Architektur, Wein und Umwelt.

Seit 1998 hat Baron Giovanni Ricasoli Firidolfi die Funktion als *Capitano Generale* della Lega del Chianti inne.

Radda
Castellina
Cajuole
Meleto
C hian ti
Siena
Badiola
Calenda
Trebbio
Tregole
S.Polo
Bibbiano
Vignale
S.Fedele
Lecchi
Torrerella
Largenina
Pieve Asciata
S.Felice
S.Cusme
Rosenano
C.N.Berardenga
Mocenni
Lornano
Querregrossa
Topina
Cagio
Fraffi
Cignano
Vagliagli
Laiola
Rietine
S.Marcellino
S.Angelo
M.Castelli
Pianella
Ricavo
Colle Petroso
S.Nicolo
S.Quirico
Bugialla
Selvole

Die Gemeinden des Chianti Classico

SAN CASCIANO IN VAL DI PESA, TAVARNELLE VAL DI PESA,

BARBERINO VAL D'ELSA, GREVE IN CHIANTI,

CASTELLINA IN CHIANTI, RADDA IN CHIANTI,

GAIOLE IN CHIANTI, CASTELNUOVO BERARDENGA, POGGIBONSI.

*Auf den folgenden Seiten finden Sie weitere 'Notizen',
zur Vervollständigung des während unserer Reise
gesammelten Materials*

WEITERE REISENOTIZEN

San Casciano in Val di Pesa

Kunst

Museo della Misericordia, Kirche Santa Maria al Prato: Simone Martini (Attr.), Kreuzigung, Tafel, 1321-1325; Giovanni di Balduccio, Verkündigung, Marmorkanzel, 1. Hälfte des XIV. Jh.; Ugolino di Nerio, Madonna mit dem Kind, 1. Hälfte des XIV. Jh.
Museo di Arte Sacra, Kirche Santa Maria del Gesù: Coppo di Marcovaldo (Attr.), Der hl. Erzengel Michael und Legendengeschichten, Antependium, Mitte XIII. Jh.; Ambrogio Lorenzetti, Madonna mit dem Kinde, Tafel, 1319; Lippo di Benivieni, Madonna mit dem Kinde, Tafel, 1. Hälfte des XIV. Jh.; Meister von Cabestany, Taufbecken-Schaft in Alabaster, 2. Hälfte des XII. Jh.

Andere Sakral- und Profanbauten

Pfarrkirche Santa Cecilia in Decimo, eine der ältesten (X.-XI. Jh.) im Sprengel von San Casciano, wenngleich die Fassade durch spätere Eingriffe ihren romanischen Charakter eingebüßt hat.
Kirche Sant'Andrea in Luiano, ein kleines, fast intaktes Meisterwerk der Romanik im Chianti.
Castello del Pergolato, X. Jh. Die architektonischen Charakteristiken des interessanten Bauwerks erinnern an die Typologie deutscher Schlösser, mit "weitläufigem Mauergürtel, einem mit Türmchen bewehrten Tor und Bastionen, der einen Wehrplatz umschließt". Erhielt seinen heuten Aspekt im 18. Jahrhundert.

Feste und Veranstaltungen

Le Corti del Vino, Villa Le Corti, Via San Piero di Sotto 1, Ende Mai-Anfang Juni. Ausstellung mit selektierten Spitzenweinen aus der gesamten Toscana.

Mercatino di Ieri wird zweimal jährlich, im April und im Juni veranstaltet. Lok. Cerbaia.

Merc'antico 1. Aprilwoche, Lok. Mercatale Val di Pesa.

Kunstgewerbe und Werkstätten

Antica Spezieria, Piazza Orazio Pierozzi.
Compagnia della Cinta Senese, Verkauf von Wurstwaren, Via di Faltignano 76.

Ceramiche artistiche Ceccarelli, Finessenreiche traditionelle Kunstkeramiken mit innovativen Elementen. Blumenkästen, Brunnen, Wandtafeln, Gartenskulpturen, Tische und wunderschönen Sonnenuhren – alls von der Hand gefertigt. Lok. Mercatale Val di Pesa.

Restaurants

Il Fedino, traditionell geprägte toskanische und Chiantiküche, Via Borromeo 9.
Cantinetta Machiavelli, Lok. Sant'Andrea in Percussina.

La Tenda Rossa macht seit Jahren als einer der interessantesten Gourmettempeln der Toskana Furore. Patron Silvano Santandrea, die Gattin (wahre Meisterköchin) und die Sprößlinge haben eine Philosophie der …

Überraschungen adoptiert: Das Restaurant La Tenda Rossa kann in der Tat als ein 'Labor' bezeichnet werden, in dem man mit stets neuen Kreationen experimentiert und das Menu ständig erneuert.
"Die Verbundenheit mit den eigenen Wurzeln muss bewahrt werden - erklärt Santandrea – doch wird sich die aktuelle und zukünftige Küche deutlich von der traditionellen abheben. Wenn qualitativ optimale Ingredientien verwendet werden, deren Eigengeschmack hervorgehoben zu werden verdient, sollte man sie weder mit schweren Saucen belasten, noch mit aufdringlichen Würzaromen überdecken. Das Geheimnis besteht in der Aufwertung ihres Eigenwerts, wozu auch die moderne Technologie mit diversifizierten Gartechniken beiträgt. Auf seine Anregung haben wir 'Kalbsleber mit Lauch-Fondue' und 'Schwarze Raviolini mit Farce aus magerem Schweinefleisch und Tropea-Zwiebelchen' degustiert. Lok. Cerbaia.

Das Kastell von San Casciano erinnert *in seiner urbanistischen Struktur an seinen Ursprung als Knotenpunkt der alten Römerstraße mit dem Verkehrsweg, der das Pesa-Tal mit dem Greve-Tal verbindet, um den sich im XIII. Jahrhundert die Ortschaft entwickelte. Anfänglich Domäne der florentinischen Bischöfe, kam San Casciano 1272 unter die direkte Kontrolle der Republik Florenz, der es als Bollwerk gegen feindliche Truppen diente, wie im Jahr 1326, als der Weiler und sein Territium von den Söldnern des berüchtigten Castruccio Castracani überfallen und verheert wurde. In der ersten Hälfte des XIV. Jh. entstand der Mauergürtel, von dem heute nur ein kleiner Teil mit einem der Stadttore und dem wuchtigen Hauptturm erhalten sind. Innerhalb der Mauern finden wir die einschiffige Kirche Santa Maria al Prato aus dem XIV. Jahrhundert, die reiche Kunstschätze birgt, die Kollegiatskirche San Cassiano (XVIII. Jh.), sowie die Mitte des XV. Jh. erbaute Kirche San Francesco.*

Tavarnelle Val di Pesa
Kunst

Kirche San Biagio in Passignano, Michele di Ridolfo del Ghirlandaio, Drei Heilige; Lok. Badia a Passignano.
Museo d'Arte Sacra, Pfarrkirche San Pietro in Bossolo: Meliore (Attr.), Madonna mit dem Kind und Engeln, Tafel, 1270 - 1280; Ugolino di Nerio (Attr.), Madonna mit dem Kind zwischen St. Petrus und dem Apostel Johannes, Triptychon, 1. Hälfte des 14. Jh. Die Lehrzeit des Künstlers in der Werkstatt des Meisters Duccio di Boninsegna ist aus den "fein gezeichneten Figuren, vor allem der Madonna, der noch gotisch inspirierten Preziösität der Bordüren ihres hellblauen Mantels sowie aus den lebhaften Farben" abzulesen. Meister von Tavarnelle, Thronende Madonna zwischen den hl. Martin und Sebastian, Altartafel, Anfang XVI. Jh.; Jacopo Chimenti, genannt l'Empoli, bedeutender Meister des späten Florentiner Manierismus, Madonna mit dem Kind und San Giovannino, Leinwand.
Pfarrkirche San Donato in Poggio, Giovanni della Robbia, Taufbecken, zweite Hälfte des XV. Jh.; Lok. San Donato in Poggio.
Heiligtum Madonna di Pietracupa (XVII. Jh.), mit einem zur Aufnahme der Pilger konzipierten Portikum, repräsentiert ein bedeutendes Beispiel der Architektur der Spätrenaissance, die sich an den Florentiner Kirchen des XV. Jhs. inspirierte.
Museo della cultura contadina, zeigt bäuerliche Kultur; Lok. San Donato in Poggio.

Feste und Veranstaltungen

April-Messe, auf der Piazza Malaspina, gegen Monatsende.

Kunstgewerbe und Werkstätten

Bottega d'Arte. Auch Antiquitätenfans werden diese Werkstatt interessant finden, in der man mit traditionellen Techniken geschmackvolle Stilmöbel anfertigt, großteils aus gut abgelagertem feinem Eichenholz, und mit Tragant und Bienenwachs bearbeitet. Via Borghetto 20.

Restaurants

Bottega e Osteria di Passignano. Als Kind beobachtete Marcello seine Mutter und die Großmutter, während sie am Herd zwischen Suppen, Saucen, Braten und Schmankerln hantierten, von ihren flinken Gesten und den bekannten Düften fasziniert – als Großer würde er ein berühmter Küchenchef werden. Nach einer Karriere in der Bank und gesichertem Wohlstand, wird der Ruf seiner alten Leidenschaft für die Küche immer stärker. So öffnet er in Tavarnelle sein deliziöses Lokal Il Salotto del Chianti, das er einige Jahre lang mit der Gattin Milva leitet. Das Restaurant wird unverzüglich von den renommiertesten Guides und der Fachpresse entdeckt und mit mit Lob bedacht. Danach fühlt er sich zu neuen Abenteuern bereit und übernimmt die Alleinverantwortung für die Osteria di Passignano, wo seine soliden Erfahrungen in einer traditionell geprägten, doch durch seine natürliche Begabung als "Erforscher neuer Geschmacksfacetten" kontinuierlich neu interpretierten Küche Ausdruck finden. In der angeschlossenen Bottega, die von Allegra

Antinori, einer der Töchter des Marchese Piero geleiteter wird, findet man ein reichhaltiges Angebot der Produktpalette des Hauses. Lok. Badia a Passignano.

Von der Römerzeit bis hin zum Mittelalter
war Tavarnelle Val di Pesa, Knotenpunkt zwischen der Verbindungsstraße mit Florenz und der via Francigena, eineobligate Etappe für die Reisenden, die hier Unterkunft und Kost fanden, wie Dokumente des Florentiner Katasters aus dem XV. sowie das Toponym bezeugen (Tavarnelle, von taberna abgeleitet). Später erfüllte es für die Kastelle von San Casciano, Tignano und San Donato in Pogni, die Funktion als 'mercatale' – Markt und Umschlagplatz. Da es den Schutz der genannten Kastelle genoss, wurde Tavarnelle nie bewehrt und erfuhr erst in der ersten Hälfte des 19. Jahrhunderts eine echte wirtschaftliche Expansion, als das Rathaus errichtet und die Genehmigung für die Abhaltung eines Wochenmarkts erteilt wurde.

Barberino Val d'Elsa

Kunst

Museo Antiquarium, Pfarrkirche Sant'Appiano: Ausgestellt sind zahlreiche archäologische Objekte aus dem VIII. bis II. Jh. v. Ch., die Anfang des 20. Jh. in etruskischen Kammergräbern im Umfeld der Kirche aufgefunden wurden. Besonders interessante schwarz- und rotfigurige attische Keramiken (VI.-IV. Jh. v. Ch.) und einige Alabaster-Graburnen aus hellenistischer Epoche.

Andere Sakral- und Profanbauten

Kapelle des hl. Erzengels Michael in Semifonte. Dieses kleine Juwel der florentinischen Spätrenaissance liegt wenige hundert Meter von der Ortschaft Petrognano entfernt. Das lokal auch als 'Cupolino' bezeichnete Gebäude entstand 1594-1597, nach einem Projekt des Malers und Architekten Santi di Tito. Die Kuppel ist eine maßstabgetreue Reproduktion der Florentiner Domkuppel..

Castello della Paneretta im 15. Jh. errichtet und in der Folge mehrmals umgewandelt. Die mächtige, zinnenbewehrte Struktur der mit Rundtürmen verbundenen Mauerstrukturen ist im Großen und Ganzen erhalten geblieben.
Schloss Tignano. Die ursprüngliche Struktur eines Wehrdorfes ist großteils intakt erhalten. Innerhalb des fast zirkulären Mauergürtels erhebt sich auf einer suggestiven *piazzetta* die Kirche Sant'Anna aus dem 16. Jahrhundert.

Restaurants

Trattoria il Frantoio, Lok. Marcialla.

Il Paese dei Campanelli. Die Ausstattung der vier Säle in dem schönen Bauernhaus erinnert an die Bilderbuchmärchen unserer Kindheit. Das originelle Dekor findet einen Widerhall in den fantasiereich präsentierten und ausgezeichnet zubereiteten Gerichten. Lok. Petrognano.

Das Kastell Barberino Val d'Elsa, erstmals im XIII. Jh. erwähnt, erlangt historische Relevanz unmittelbar nachdem Semifonte, ein blühendes Städtchen, im Jahr 1202 von den Florentinern dem Erdboden gleich gemacht wurde. Ab diesem Datum entwickelt sich der Ort, auch dank seiner strategischen Lage an der Kreuzung der nach Florenz führenden Straße mit der via Francigena, die als Verbindungsweg zwischen Rom und Frankreich für den Handelsverkehr größte Bedeutung einnahm. Mitte des XIII. Jahrhunderts wird Barberino unter Florentiner Kontrolle zum Hauptort eines weitläufigen Gebiets, das sich vom Elsatal bis zum Pesatal erstreckte. In dem von großteils gut erhaltenen mittelalterlichen Mauern umgürteten, ellipsenförmig angelegten Borgo, finden sich zahlreiche Originalgebäude, wie der Palazzo Barberini und der Palazzo Pretorio, dessen Fassade mit Adelswappen geschmückt ist.

Greve in Chianti
Kunst

Ein Gemeindemuseum für Sakrale Kunst
wird derzeit im Franziskanerkloster (15. Jh.) eingerichtet, das auf einem Hügel am Anfang der alten Straße liegt, die nach Montefioralle führt. Für die archäologische Abteilung ist die Ausstellung von Ausgrabungsfunden aus dem Bezirk von Greve vorgesehen. Überdies wir man eine Sammlung bedeutender alter Meister bewundern können, u. a. Werke von Nanni di Bartolo und Francesco Granacci, einem der Protagonisten der florentinischen Renaissance, sowie Freund und 'Entdecker' des Michelangelo.

Kirche Santa Croce, Bicci di Lorenzo, Madonna mit dem Kind und Heiligen, Triptychon, Mitte XV. Jh.

Pfarrkirche San Leolino, Meliore di Jacopo (Attr.), *Thronende Madonna zwischen den hl. Peter und Paul*, Antependium, Mitte XIII. Jh.; Taddeo Gaddi, *Madonna mit dem Kind und Heilige*, Triptychon, 1421.

Kirche Santo Stefano in Montefioralle, Meister von Montefioralle, *Madonna mit dem Kinde*, Tafel, XIII. Jh., Lok. Montefioralle.

Andere Sakral- und Profanbauten

Oratorium des hl. Eufrosino aus dem XV. Jh., dem Evangelisierer des Chianti geweiht. Einschiffig, Hängedach und Kreuzgewölbe, Lok. Panzano.
Schloss Sezzate, gut erhalten, wurde im 14. Jahrhundert auf den Resten eines profanen Vorgängerbaus aus der Römerzeit errichtet. Lok. Cintoia.
Schloss Querceto, die Fundamente reichen auf die langobardische Epoche zurück; vom antiken mittelalterlichen Kastell sind heute nur mehr die Mauern und der Hauptturm erhalten geblieben.

Feste und Veranstaltungen

Cantine Aperte. Eine regionalübergreifende Initiative zur Verbreitung des Weinkultur gehobener Qualität, an der sich die gesamte Toskana einschließlich aller Chianti-Gemeinden beteiligt: In verschiedenen Perioden öffnen die Erzeuger die Pforten ihrer Kellereien und bieten Interessierten Gelegenheit zur Verkostung der verschiedenen Produkte.
Biennale di Arte Contemporanea nel Chianti – mit mehrmaligen Eventen zwischen Oktober und April.
'Festa dei Fiori' - Blumenfest, Anfang April.
Rassegna del Chianti Classico: Das größte Weinfest und -Messe des gesamten Chianti-Gebiets wird in Zusammenarbeit mit dem prestigeträchtigen Consorzio del Marchio Storico, im September am zweiten Wochenende veranstaltet.
Fest der bäuerlichen Kultur, am 25. April und am 1. Mai, Lok. Strada in Chianti.
'Vino al Vino', drittes Wochenende im September, Lok. Panzano.

Kunstgewerbe und Werkstätten
La Bottega dell'artigianato: Unikate aus Olivenholz und Weidengeflechten; Piazza Matteotti.

Restaurants

Le Cantine di Greve in Chianti Eine große und entwicklungsfähige Idee. Die Familie

Falorni hat dem an sich reizvollen Ambiente der alten Greve-Keller einen neuen Look verpasst und eine reichhaltige, nicht nur mit toskanischen Etiketten bestückte Vinothek eingerichtet, mit Degustationen (fast gratis!), die den doppelten Zweck erfüllen, Weinkenntnisse zu übermitteln und zum Kauf eines guten Tropfens zu stimulieren. Wein soll jedoch nicht auf leeren Magen genossen werden – als köstliche Unterlage bieten sich die berühmten Wurstspezialitäten von Falorni an. Galleria delle Cantine 2.

Enoteca Bottega del Chianti vermittelt den Eindruck einer strengen und anspruchsvollen, doch vertrauenswürdigen Wein-Universität, mit fachgerecht arrangierten Flaschen und einer eleganten Theke, an der man feine Gewächse im Kreise von Experten degustiert. Lok. Panzano.

Le Cernacchie: Das Lokal bietet traditionelle Gerichte, denen eine kleine Prise Fantasie nicht schaden würde. Gute Weinauswahl; Lok. La Panca.

Borgo Antico: Eine wahrhaftige Glorie der Chianti-Küche mit Gerichten, deren Typizität die Inhaber seit langem ohne jegliche Kompromisse zubereiten. Die heimelige Atmosphäre des Lokals trägt zum Wohlbehagen bei. Lok. Dimezzano (Lucolena).

Castello di Vicchiomaggio: unter den Gerichten fanden wir 'Crespelle alla fiorentina' und 'Gran pezzo al pepe verde' besonders perfekt; Lok. Vicchiomaggio.

Trattoria del Montagliari: Der große Giovanni Cappelli, Schöpfer des Lokals und typischer Chianti-Atmosphäre, hat die Leitung seiner Trattoria unlängst neuen Pächtern übertragen, die mit Leidenschaft und Intelligenz sowie einigen gelungenen, individuellen Innovationen den Stil des Gründers weiter führen. Lok.. Montagliari.

Il Vescovino: Das zu den bekanntesten Restaurants im Chianti zählende Lokal ist nach einer wankenden Phase wieder bereit, die Gaumen der Gäste zu verwöhnen. Lok. Panzano.

Da Padellina: Ausgezeichnete traditionelle Küche; der lebhafte Inhaber kennt Dantes Divina Commedia auswendig. Lok. Strada in Chianti.

Greve in Chianti verdankt seine beachtliche Entwicklung

vom mittelalterlichen Kleindorf im Besitz der Diozöse von Fiesole seiner Funktion als Marktplatz, der allwöchentlich Menschenmengen zum Kauf, Verkauf oder Austausch von Waren aller Arten anzog. Von der antiken Berufung zeugt die geräumige, ellipsenförmig angelegte Piazza Matteotti mit reizvollen Arkaden und Gebäuden aus dem XVI.-XVII. Jahrhundert. Dank der günstigen geografischen Lage wurde das Dorf ein Handelszentrum für die Bewohner der zahlreichen Kastell-Domänen im Umfeld, wobei zu den bedeutendsten das noch heute seine mittelalterlichen Strukturen bewahrende Montefioralle, und Panzano (XII.-XIII. Jahrhundert) zählten, wo wir die beiden Türme und einen wuchtigen Hauptturm bewundern können. Im XVIII. Jahrhundert führte die mittlerweile von Greve eingenommene Rolle als bedeutendes, mit einem beachtlichen Bevölkerungszuwachs verbundenes Wirtschaftszentrum zur Erhebung als Hauptort der leopoldinischen Kommune. Wenige Kilometer von Greve und Panzano entfernt, ist die um das X. Jh. erbaute Pfarrkirche San Leolino, die zu den ältesten im Territorium zählt, einen Abstecher wert: Der pure romanische Formenkanon gipfelt in der Raumgliederung des dreischiffigen Inneren durch die auf Alabaster-Pilastern gestützten Bogen.

Castellina in Chianti

Kunst

Kirche San Giorgio: Cosimo Rosselli, Madonna mit dem Kind und den hl. Georg und Franz, Tafel, XV. Jh..

Feste und Veranstaltungen

Pentecoste a Castellina in Chianti, Pfingstfest, am Freitag und Samstag, in den Hauptstraßen der Ortschaft.

Restaurants

Trattoria Gallopapa: Im antiken Kern von Castellina versteckt sich dieses Lokal, das alle Elemente einer traditionellen trattoria aufweist, in der zünftige toskanische Kochkunst gepflegt wird – offene Einsicht, auch in die Küche, Kellner mit Schürzen. Aus dem Speisenangebot haben wir einen köstlichen 'Schmorbraten mit Vinsanto-Würze' gewählt. Via Delle Volte 14/16.
Enoteca Antiquaria di Palazzo Squarcialupi: Patron Bruno Castelli hält Sammlerflaschen, selektierte Chianti Classico, und vieles mehr bereit. Palazzo Squarcialupi, Via Ferruccio 24/26.
Albergaccio di Castellina: empfehlenswert die 'Bocconcini di agnello allo zafferano in stimmi' (Lamm mit Safran) und das unwiderstehliche 'Sformatino di polenta con passato di porri' (Polentaflan mit Lauchpüree). Via Fiorentina 63.
Osteria della Piazza bietet traditionelle, tadellos zubereitete Gerichte. Das Ambiente, ein antikes Bauernhaus, strahlt einen besonderen Charme aus. Lok. Piazza.

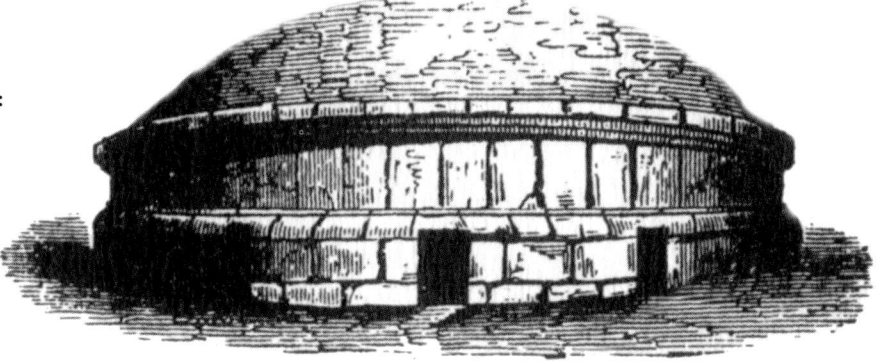

Zahlreichende bedeutende Zeugenschaften belegen die Präsenz etruskischer und römischer Siedlungen im Territorium von Castellina in Chianti. Der Ort wird erstmals als Lehen der Herren von Trebbio erwähnt, deren Kastell 1193 unter den Machtbereich von Florenz fiel. Mit der Gründung der Chianti-Liga wurde Castellina Hauptort eines der drei Terzieri und, nach dem Lodo von Poggibonsi im Jahr 1203, für die Florentiner ein wichtiges Bollwerk entlang der von Siena zu ihrer Stadt führenden Straße. Doch gerade seine geografische Lage hatte zur Folge, dass Castellina 1397 von den diesmal mit dem Herzog von Mailand verbündeten Truppen Sienas unter Alberico da Barbiano ausgeraubt und zerstört wurde. Florenz ließ neue Verteidigungsanlagen errichten, und dreißig Jahre später, nach einem Gutachten des von der Domopera zur Überprüfung der Situation entsandten Filippo Brunelleschi, zusätzlich verstärken. Nachdem sie Mitte des 15. Jh. den Überfällen des aragonesischen Heers getrotzt hatte, fiel die Wehranlage 1478 unter den Angriffen der diesmal mit starken neapolitanischen Milizen potenzierten sienesischen Truppen. Von der antiken Struktur sind noch der unterirdische Gang am südlichen Abschnitt des Mauergürtels und die mächtige Festung erhalten, heute Sitz der Gemeindeverwaltung.

Radda in Chianti

Kunst

Museo d'Arte Sacra del Chianti: Noch im Vorbereitungsstadium, wird das im Ex-Franziskanerkloster Santa Maria in Prato untergebrachte Museum einen Großteil der im Chianti Senese verstreuten Werke sakraler Kunst aufnehmen, wobei wir nur einige der bedeutendsten aufzählen: *Madonna dei Raccomandati*, von Simone Martini und Memmo di Filippuccio, *Polyptychon* von Bernardo Daddi und Luca di Tommè da Venano, sowie ein schönes *Triptychon* von Bicci di Lorenzo.

Kirche Santa Maria in Prato, im XI. Jh. erbaut und Sitz eines kleinen Franziskanerklosters; Neri di Bicci, *Madonna mit dem Kind zwischen den hl. Nikolaus von Bari, Johannes dem Täufer, Magdalena und Abt Antonius*, Tafel, 1474.

Feste und Veranstaltungen

Vacanza Antiquaria, Möbelstücke von Wert und *artigianato povero*, antike oder alte Objekte und Einrichtungen; zu Ostern und im September.
Mostra Mercato di antiquariato e cose vecchie, Karfreitag und Ostermontag.
Cantine Aperte: Verschiedene lokale Weinerzeuger machen ihre Kellereien für das Publikum zugänglich mit Gratisverkostungen der Weine aus dem letzten Jahrgang. Zwischen Ende Mai und Anfang Juni.

Kunstgewerbe und Werkstätten

La Ghiacciaia Granducale. Zur Zeit des Großherzogtums Toskana plante man, zahlreiche Ortschaften mit gemauerten Strukturen zu versehen, in denen Schnee gepresst und in Eisblöcke verwandelt werden konnten, die eine Langzeitkonservierung von Nahrungsmitteln gewährleisten sollten. Wichtige Voraussetzungen zu diesem Zweck waren Nordlage, eine beträchtliche Mauerdicke als Garantie für konstante Niedrigtemperaturen und eine pyramidenförmige oder stumpfkegelige Struktur, wie in Radda in Chianti, in der sich heute ein faszinierendes Geschäft befindet, das mit gedämpftem Licht und schönen Holzfußböden eine warme Atmosphäre ausstrahlt: Liebhaber von

Antiquitäten und exklusivem Kunsthandwerk werden unter den wunderschönen Exponaten sicher das Passende finden.

Casa Porciatti
Die Schaufenster des Hauses Porciatti blicken auf die Piazza IV. Novembre – noch bevor man das Geschäft betritt, steigen einem. bereits unwiderstehliche, appetitanregende Düfte in die Nase. Hier findet man mit höchster handwerklicher Geschicklichkeit produzierte Wurstwaren und Käse in Begleitung von ausgezeichnetem toskanischem Brot. Dazu kann man in der nahen, am mittelalterlichen Wehrgang liegenden und ebenfalls im Besitz von Porciatti stehenden, gut bestückten Vinothek einen edlen Tropfen aus dem breitbandigen Sortiment wählen.

Ceramiche Rampini
ist in Sachen typischer Chianti-Keramikkust eine echte Institution. Der bekannte Meister Romano Rampini produziert handwerklich geschmackvolles Geschirr und andere Manufakte toskanischer und umbrischer Tradition, insbesonders Krüge, Teller, Tafelgeschirr – alles handbemalt und wunderschön. Besonders gefallen hat uns ein großer Krug für Aufgüsse, mit einem der Renaissance entliehenen und vom Meister innovativ interpretierten Dekor. Lok. Casa Beretone di Vistarenni.

Restaurants

Relais Vignale, Vinothek, Restaurant, Taverne. Ein niveauvolles Relais im Stadtkern von Radda. Die Vinothek bietet eine Auswahl feiner Gewächse, das Restaurant qualifiziert sich mit kreativ gestalteten Gerichten der Chiantitradition.
La Cantoniera di Vescine: Ambiente, Gastlichkeit und Service sind als exzellent zu bezeichnen. Wie verspeisten ein gutes 'Rinderfilet in Marsalasauce mit Gänsestopfleber', Lok. Vescine.
Cavini: Wurstwaren, Käse und ein gutes Glas Wein, Lok. Lucarelli.

Ein im Jahr 1002 von Kaiser Otto III. unterzeichnetes Dokument erwähnt erstmals das Kastell Radda und als Besitzer die Badia Fiorentina, der es eine Gräfin Willa vermacht hatte. 1191 wurde es den Grafen Guidi als Lehen zugeteilt und im XIII. Jahrhundert der Florentiner Vormacht unterworfen, wodurch es in der Folge zahlreichen Plünderungen und Zerstörungen ausgesetzt war – seitens der Seneser (1230), der Truppen Karls von Anjou (1268) und Mitte des XV. Jh. durch den Überfall des aragonesischen Heeres. Florenz hatte Anfang des XIV. Jahrhunderts die Chianti-Liga instituiert, womit das gesamte Territorium in drei Terzieri geteilt, und Radda zuerst zur Hauptstadt eines dieser Distrikte und 1425 dann für den gesamten Liga-Bereich bestimmt wurde. Aufgrund der fortwährenden Angriffe hatte man den Weiler bereits im 14. Jh. mit einem Mauergürtel bewehrt, der zweihundert Jahre später von den aragonesischen Milizionären schwer beschädigt wurde und fast zur Gänze erneuert werden musste. Nur ein kurzer Mauertrakt und einige Türme, doch nicht ein einziges Stadttor ist uns erhalten geblieben. Sehenswert der Palazzo del Podestà aus dem 15. Jh., mit einer wappengeschmückten, von einem kleinen Portikus durchbrochenen Fassade. Gegenüber liegt die im Mittelalter erbaute Propstei San Niccolò, deren romanische Charakteristiken leider durch moderne Eingriffe verloren gegangen sind.

Gaiole in Chianti

Sakral- und Profanbauten

Pfarrkirche Santa Maria a Spaltenna: Die romanischen Strukturen des befestigten Baukomplexes in Spaltenna sind noch bestens erhalten. Die äußere Mauerverkleidung besteht aus Albarese-Kalksteinbuckeln, während sich an der Apsis die originalen großen gotischen Fenster öffnen.

Pfarrkirche San Vincenti, eine der ältesten *pievi* des Chianti (bereits im VII. Jh. bezeugt) präsentiert sich heute als ein "remake" aus dem 13.-14. Jahrhundert, mit halbkreisförmiger Apsis und einem dreischiffigen Innenraum, von auf Pilastern ruhenden Spitzbogen aufgefächert.

Das Schloß Vertine war bereits vor dem Jahr 1000 eine Festung und spielte als Glied des Großgrundbesitzertums (die *curtes*) eine bedeutende Rolle im Territorium. Noch heute von einem fast intakten Mauerring mit einigen Türmen umgürtet, repräsentiert der Borgo das nobelste Beispiel eines Wehrdorfs im Chiantigebiet, mit einem in Alberese-Buckelwerk verkleideten 'Herrschaftspalais', dessen grafisch elegante, spitzbogige Archevolte ein sienesisch beeinflusstes Stilelement aufweist.

Torre di Barbischio: Das Turmhaus ist ein einzigartiges Beispiel friedlicher Koexistenz von Antikem und Modernem. Es wurde vor einigen Jahren vom Florentiner Manager Franco Innocenti stilgerecht nachgebaut, nachdem er sich in die Ruinen des Vorgängerbaus verliebt und entschlossen hatte, sich an diesen Ort zurückzuziehen und sich der Malerei zu widmen. Interessant und nur wenige Kilometer entfernt, die Kastelle von Lucignano, Tornano, Lecchi und Castagnoli, als Zeugen antiker Befestigungsanlagen.

Feste und Veranstaltungen

"Settembre Gaiolese", erstes Wochenende im September, auf dem Gemeindeplatz, Weinfest und Turnier der Contraden, am zweiten Septembersonntag.

Restaurants

Die Familie Wilhelm im Chianti
An anderer Stelle haben wir das Weingut Colombaio di Cencio beschrieben, eines der prestigereichsten unter den neuen

Chianti-Betrieben. Doch damit nicht genug, hat Werner Wilhelm im Umfeld von Gaiole einige prachtvolle alte Bauernhäuser umstrukturiert und mit lokaltypischer Einrichtung und einem Swimmingpool in einen exklusiven Agritourismus verwandelt. In der Lokalität Vinci zwischen Gaiole und dem schönen Turm von Barbischio führt die Tochter Stefania das mittlerweile bekannte Restaurant Le Contrade, dessen Name eine Hommage an Siena und den Palio ausdrückt, für die der Unternehmer eine wahre Leidenschaft hegt. Das finessenreiche Lokal bietet Wohlfühlatmosphäre in wechselndem Ambiente: Zu Mittag werden leichte, von Frische geprägte Gerichte auf der schönen Terrasse mit Blick auf die Chianti-Landschaft geboten, während man abends im elegant ausgestatteten Speisesaal traditionelle und perfekt zubereitete Spezialitäten der toskanischen Küche genießt, von Colombaio di Cencio- Gewächsen begleitet, versteht sich.

Restaurant Castello di Spaltenna, in einem antiken, bewehrten Klosten, wo man in eleganter Atmosphäre und im Sommer unter freiem Himmel speisen kann. Angenehm überrascht haben uns der 'Risotto mantecato con punte di asparagi' (mit Spargelspitzen) und 'Insalata tiepida di scarola all'aceto balsamico' (lauwarmer Eskariolsalat); Via Spaltenna 13.

Trattoria Badia a Coltibuono. Wir hatten uns ausgezeichnete traditionelle Zubereitungen erwartet. Traditionell sind in der Tat vornehmlich nur die Grundzutaten für toskanisch inspirierte Gerichte, die ein erfahrener und kreativer Chef allerdings zu verwenden weiß. Lok. Coltibuono.

Osteria del Castello di Brolio, Lok. Brolio.

Hotel Villa La Grotta Die antike, im IX. Jahrhundert errichtete Festung, die einst Gelegenheit zur Erlabung bot, bevor man das nahe Schloss Brolio erreichte, ist heute ein Hotel von unkonventioneller Eleganz. Es bietet die Atmosphäre eines gastlichen Herrenhauses, in dem die Besitzer den Gast am Genuss der landschaftlichen Reize des umliegenden Territoriums teilhaben lassen. Hier wird dem 'modernen' Reisenden eine interessante und kreative Küche sowie die Möglichkeit geboten, sich in einem der beiden geheizten Schwimmbäder zu erfrischen oder das kleine türkische Bad aufzusuchen – eine interessante, im Chianti fast einzigartige Gelegenheit.

Trattoria il Papavero. In dem kleinen, exquisiten Lokal bieten Yvonne und Franco Innocenti den Gästen und einigen treuen Freunden von erfahrenen Händen zubereitete Speisen in Begleitung guter Weine; Lok. Barbischio.

Gaiole in Chianti am Fuß des Passes, der über die Chianti-Berge in das Territorium des Arnotals führt, erblühte im 13. Jh. zu einem belebten Weiler, auf den sich nach der Krise des "curtes"-Systems – die auch die nahen Kastelle von Barbischio und Vertine betraf, die lange Zeit den Warenverkehr und -Austausch monopolisiert hatten - alle Aktivitäten als Marktflecken (burgus) und danach als Hauptstadt eines Terziere der Chianti-Liga konzentrierten. Die urbanistische Struktur des Städtchens, das von einer Straße durchquert wird, die sich zu einem länglich-dreieckigen Platz erweitert, auf dem gestern wie heute zahlreiche Läden ihre Waren anbieten, lässt den mittelalterlichen Ursprung erkennen, obwohl die Gebäude moderne

Charakteristiken und nur spärliche antike Elemente aufweisen. Großherzog Pietro Leopoldo bezeichnet Gaiole im XVIII. Jahrhundert als regsames Zentrum für Handel und Warenaustausch, in dem alljährlich im Dezember eine bedeutende Warenmesse abgehalten wird.

Castelnuovo Berardenga

Kunst

Certosa di Pontignano. Die 1343 erbaute Karthäuse mit original erhaltener Kirchenfassade, und einem im 15. Jh. errichteten, interessanten Kreuzgang, birgt in den drei Innengewölben Fresken des Florentiner Meisters Bernardino Poccetti und seinen Gehilfen (spätes 16. Jh.), der auch das schöne "Abendmahl" im Refektorium malte. Aktuell in Vorbereitung ein kleines Museum, das die derzeit in verschiedenen Milieus des großen Komplexes untergebrachten Kunstwerke aufnehmen wird, darunter zwei hölzerne Kruzifixe aus dem 14. Jahrhundert.
Kirche San Cristoforo in Vagliagli, *Taufbecken, Lok. Vagliagli.*
"Museo del paesaggio chiantigiano".

Andere Sakral- und Profanbauten

Pfarrkirche San Giovanni Battista in Pievasciata, eine der im Chianti zahlreichen befestigten romanischen Pfarrkirchen: Der wunderschöne Kampanil in Alberese-Kalkstein wirkt wie der Hauptturm eines Kastells.
Monastero di San Salvatore poder Badia Monastero, eine antike, 867 von den Adeligen della Berardenga erbaute Abtei, präsentiert sich heute als Gutsvilla mit Strukturen, die den ursprünglichen Kreuzgang umgeben. Der mächtige, quadratische Kampanil mit einer rhythmischen Wechselfolge von 2 Reihen einbogiger und 3 Ordnungen dreibogiger Fenster ist zweifelsohne das schönste Musterbeispiel der lombardischen Romanik im Chianti.

Castello di Fagnano: Die grandiose, noble Struktur wurde im Auftrag von Giovan Battista Piccolomini als befestigte Villa mit einem großen formellen italienischen Garten konstruiert und zu späterer Zeit, wie viele andere ähnliche Gebäude, drastischen Eingriffen im neugotischen Stil unterzogen.
Castell'in Villa: Der hohe und breite mittelalterliche Turm mit dem angeschlossenen Kirchlein wirkt wie eine Bühnenkulissen und verkörpert den faszinierenden, antiksten Kern einer Festung des schon vor dem Jahr 1000 im Chianti ansässigen Grafengeschlechts della Berardenga.
Kastell-Weiler San Gusmé: Das bereits 867 dokumentierte, auch heute bewohnte Dorf zählte einst zu den wichtigsten sienesischen Festungen. Eine mittelalterliche 'terra murata' mit zahlreichen Elementen der ursprünglichen Anlage mit den originalen Toren, den mit Stein gepflasterten Sträßchen und einer Atmosphäre, die an einen historischen Film denken lässt.

Feste und Veranstaltungen

Karfreitags-Prozession in antiken Kostümen zum Gedenken an die 'Via Crucis'.
Paliotto dei Rioni e dei Comuni, historischer Umzug mit "Eselrennen", der im Juni im Stadion und im Ortszentrum veranstaltet wird.
'Palio dei ciuchi' – Eselrennen, erste Woche im September.
Rievocazione della Battaglia di Monteaperti, historische Wiederbelebung der tragischen Schlacht, die 1260 zwischen Florentiner und Seneser Truppen ausgetragen wurde.
Traubenfest, gegen Ende September, Lok. Vagliagli.

Kunstgewerbe und Werkstätten

Quinquatrus, la Bottega delle Arti ist ein ganz spezieller Laden. Ausgestellt wird anspruchsvolles, ausschließlich handgefertigtes Kunsthandwerk, darunter dekoriertes Keramikgeschirr, mundgeblasene Gläser, Arbeiten aus Schmiedeeisen und gedrechseltem Holz und kostbare Tischwäsche mit Stickereien. Überdies werden für echte Fans von Handarbeit monatliche Kurse abgehalten, wo man lernen kann, wie man webt, Keramik bemalt, Möbel restauriert oder originelle Weihnachtsdekorationen, aber auch Zierden für das ganze Jahr kreieren kann.

Restaurants

La Bottega del Trenta ist ein schönes Bauernhaus mittelalterlicher Prägung mit stilvoller Einrichtung. Wir degustierten eine großartige 'Timbale von Auberginen mit Tomatensauce' und 'Carpaccio vom Kaninchen mit Essig und Honig', dem größten Sternekoch würdig; Lok. Villa a Sesta.

*Das **'Berardinga-Land'**, bereits in Dokumenten des XI. Jahrhunderts erwähnt, erfasste ein weitläufiges Territorium, das sich zwischen den Flüssen Ombrone und Arbia, dem Chianti und den sienesischen 'Crete' erstreckt und von der antiken Adelsfamilie Uburgeri della Berardenga eingenommen wurde, von dem es seinen Namen erhielt. 1366 dekretierte der Hohe Rat der sienesischen Republik den offiziellen Status als Kastell mit dem Namen Castelnuovo, um es von den älteren Burgen Arceno und Valcortese abzuheben. Der Weiler wurde mit Befestigungen umgeben, die aber noch vor ihrer Fertigstellung von den Freischärlern des Söldnerführers Giovanni Acuto im Dienst der Florentiner zerstört wurden.*

Die wechselnden Geschicke der ewigen Feinde wurden mit der Niederlage Sienas besiegelt und 1555 wurde Castelnuovo Berardenga dem Großherzogtum Toskana einverleibt.

Zusätzliche Anziehungspunkte

Kunstliebhaber finden hier einige interessante Monumente, die knapp außerhalb des kanonischen Chianti Classico-Bereichs liegen.

Kollegiatskirche Santa Maria in Impruneta. Im 'Museo del Tesoro' eine der bedeutendsten Sammlungen von Kirchensilber, mit Miniaturen geschmückten Handschriften und Paramenten florentinischer Manufaktur (1400-1800), Impruneta.

Konvent San Lucchese. Das antike Franziskanerkloster ist ein seltenes Beispiel der Verschmelzung romanischer und gotischer Stilelemente und birgt ein kleines Museum mit interessanten Meisterwerken. Gerino da Pistoia, *Die Vermehrung von Broten und Fischen*, Fresken, 1513, Poggibonsi.

Kirche Santa Maria Assunta, Sammlung Sakraler Kunst: Antonio del Pollaiolo, *Magdalena wird von den Engeln komuniziert*, Tafel, 6. Jahrzehnt des 15. Jhs., Francesco Botticini, *Anbetung des Kindes*, Tafel, 2. Hälfte des 15. Jhs., Staggia.

Badia dei Santi Salvatore e Cirino, genannt **Badia a Isola,** zählt zu den schönsten romanischen Sakralbauten im Elsa-Tal, und diente mit Sicherheit als Vorbild für die Errichtung zahlreicher romanischer Kirchen im Chianti. Sano di Pietro, *Madonna mit dem Kind und Heiligen*, Tafel, 1. Hälfte des XV. Jahrhunderts; Monteriggioni.

BEGEGNUNG MIT DEN WEINMACHERN

Wir glauben, dass die Aufzählung der während unserer Reise besuchten Weingüter den zahlreichen Liebhabern guter Tropfen von Nutzen sein kann. Damit wollen wir weder persönliche Bewertungen ausdrücken, noch eine einfache Liste der Erzeugerbetriebe aufstellen, sondern dem Weinfreund Anregungen zur Entdeckung von ausgezeichneten Weinen bieten, die in den letzten Jahren dank ihrer Spitzenqualität besonderes Renommée erreicht haben.

SAN CASCIANO IN VAL DI PESA
Antinori
Castelli del Greve Pesa
Conti Serristori
Il Mandorlo
Tenuta Péppoli
Tenuta Tignanello
Villa Le Corti

TAVARNELLE VAL DI PESA
Casa Emma
Tenuta Badia a Passignano

BARBERINO VAL D'ELSA
Quercia al Poggio
Castello di Monsanto

GREVE IN CHIANTI
Carobbio
Castello di Querceto
Castello da Verrazzano
Fontodi
Le Cinciole
Monte Bernardi
Nozzole
Querciabella
Vignamaggio
Villa Calcinaia

CASTELLINA IN CHIANTI
Buondonno
Castello di Fonterutoli
Cecchi
Lilliano
Nittardi
Poggio ai Mori
Rocca delle Macie
Rodano

RADDA IN CHIANTI
Brancaia
Castello d'Albola
Castello di Volpaia
Montevertine
Podere Terreno
Terrabianca
Vignavecchia
Vistarenni

GAIOLE IN CHIANTI
Agricoltori del Chianti Geografico
Badia a Coltibuono
Capannelle
Castello di Brolio
Castello di Cacchiano
Castello di Meleto
Castello di San Polo in Rosso
Il Colombaio di Cencio
Castello di Ama

CASTELNUOVO BERARDENGA
Aiola
Castell'in Villa
Terra Bianca
San Felice
Dievole

POGGIBONSI
Melini

ORTSREGISTER

Albola, 148
Antinori, Palazzo (früher Boni), Firenze, 136
Badia a Coltibuono, 27, 77, 80, 128, 164
Badia a Passignano, 34, 35, 128, 136
Barberino Val d'Elsa, 23
Borgo Argentina, 98
Bossi-Pucci, Villa, 167
Brolio, Schloss, 13, 47, 50, 153, 155
Cacchiano, Schloss, 47, 156, 157
Cafaggiolo, 87
Calcinaia, Villa, 33
Campi, 29
Cappella Brancacci, Florenz, 59
Carmignano, 142
Castellina in Chianti, 12, 13, 29, 64, 70, 126
Castelnuovo Berardenga, 81, 153
Cerna, Villa, 55
Certosa di Pievescola, 167
Cetamura, 29
Chiantigiana, Via (SS 222), 32
Dievole 167, 168, 169
Elsa, 13
Fonterutoli, 29, 142
Francigena, Via 12, 13
Gabbiano, Schloss, 33
Gaiole in Chianti, 64, 74, 153
Grassina, 81
Greve in Chianti, 32, 33, 64, 67, 92, 93
Grignano, Schloss, 43, 126
Impruneta, 86, 88, 91
Lamole, 93
Lecchi, 52
Le Corti, Villa, 67
Luni, 108
Maggiano, Karthäuse von, 23
Meleto, Schloss, 24, 47, 94
Montefioralle, Schloss, 128
Montelupo Fiorentino, 87
Monteriggioni, 55, 82
Montevertine, 147
Monti in Chianti, 98, 157
Museo d'arte sacra, San Casciano in Val di Pesa, 57, 58
Nittardi, Fattoria, 77, 126

Ognissanti, Kirche, Florenz, 35
Palazzo Pubblico, Siena, 111
Palazzo Vecchio, Florenz, 13
Panzano in Chianti, 64, 106, 109
Pèppoli, 137
Pesa, 13
Pienza, 110
Pinacoteca, Siena, 55
Ponte agli Stolli, 30
Querciabella, 165
Radda in Chianti, 13, 52, 64, 67, 76, 80, 90, 148, 167
Università Siena, 169
San Biagio, Kirche, 34
San Casciano in Val di Pesa, 57, 136
San Cresci, Pfarrkirche, 39, 69
San Donato in Poggio, Pfarrkirche, 21, 23
San Felice, 159, 161
San Gimignano, 82
San Giovanni in Sugana, Pfarrkirche, 58
San Leolino, Pfarrkirche, 56
San Marcellino, Pfarrkirche, 45
San Michele, Abtei, 34
San Pietro in Bossolo, Pfarrkirche, 23
San Polo in Rosso, 52, 77
San Sano, 70
Sant'Andrea in Percussina, 167
Sant'Appiano, Pfarrkirche, 23, 39
Sant'Eufrosino, 144
Santa Cristina, 137
Santa Maria a Lucignano, Kirche, 128
Santa Maria del Gesù, Kirche, 57
Santo Stefano, Kirche, 56
Sestaccia, 29
Spaltenna, Pfarrkirche-Kastell, 52
Staggia Senese, 82
Strada in Chianti, 32
Tavarnelle Val di Pesa, 23
Uzzano, Schloss, 33, 128
Verrazzano, Schloss, 32
Vicchiomaggio, Schloss, 32
Vignamaggio, 41, 128
Volpaia, 43, 104, 144, 145

NAMENSREGISTER

Acciaiuoli, Familie, 148
Adriano Publio Elio, imperatore Kaiser, 30
Alberti, Leon Battista, 136
Alessandro Vignamaggio, 35
Alì, Alessandro, 131
Anderson, Burton, 63
Antinori, Piero, 136
Antinori, Niccolò (XVI sec.), 136
Appiani Junior, 167
Armando, 169
Arte dei Vinattieri, 128
Baccio d'Agnolo, 136
Balbi Valier, Elisabetta, 157
Barucci, Carla, 104
Barucci, Gina, 104
Bastreghi, Gaia, 76
Batini, Giorgio, 66
Batisti, Silvano, 93
Beato Angelico, 59
Bellugi, David, 77
Bellugi, Piero, 77
Benedetto, Heiliger, 34, 164
Benigni, Roberto, 109
Bessarione, Bischof von Nicaa, 138
Bicci di Lorenzo, 59
Boccaccio, Giovanni, 150
Bosi, Enrico, 37
Braudel, Fernand, 12
Buonarroti, Michelangelo, 13, 126
Buonarroti, Lionardo, 126
Callot, Jacques, 91
Canessa, Katrin, 77
Capponi, Familie, 33
Castiglioni, Giuseppe, 165
Castiglioni, Sebastiano, 165
Cecchi, Familie, 55

Cecchini, Dario, 106, 109
Cenni di Francesco, 59
Chimentelli, Valerio, 41
Ciappi, Silvia, 151
Cimabue, 59
Clante, Centro di Studi Chiantigiani, 30, 151
Consorzio del Marchio Storico
Chianti Classico, 167, 168
Coppo di Marcovaldo, 58
Corsini, Familie, 33, 67
Cosimo I de' Medici, 13
Cosimo III de' Medici, 128
Cristoforo di Bindoccio, 55
Diaz Ferré, Maria Christina, 72
Diesler, J. Edmund
Duccio di Buoninsegna, 57, 169
Ducroux, Hervé, 76,
Empoli, Iacopo Chimenti detto l', 151
Fattori, Giovanni, 110
Federico I detto il Barbarossa, 47
Ferré, Daniella, 72
Ferré, Leo, 72
Firidolfi, famiglia, 47
Firidolfi Meletesi, famiglia, 47
Galilei, Galileo, 127
Ghirlandaio Domenico, 35
Giotto, 57, 59
Giovanni Gualberto, santo, 34, 164
Giovanni Maria Butteri, 35
Giuliano da Maiano, 136
Gorio, Giovanni, 159
Gorky Spender, Maro, 70
Haniez, Marie Sylvie, 80
Jefferson, Thomas, 142
Kemp, Lindsay, 76
Landino, Cristoforo, 128

Leonardo da Vinci, 13
Lionni, Leo, 74
Lorenzetti, Ambrogio, 57, 111
Lorenzo di Bicci, 59
Macchiaioli, 110
Machiavelli, Niccolò, 167
Madonna Smeralda, 142
Maestro di Cabestany, 58, 59
Maestro di Montefioralle, 56
Maestro di San Polo in Rosso, 55
Manetti, Martino, 147
Manetti, Sergio, 147
Marini, Rita, 118
Martini, Simone, 57
Masaccio, 59
Mascheroni, Carlo, 145
Massei, Elio, 86
Mazzei, Carla, 142
Mazzei, Filippo (XVIII-XIX Jh.), 142
Mazzei, Filippo, 142
Mazzei, Francesco, 142
Mazzei, Lapo (XIV-XV Jh.), 128, 142
Mazzei, Lapo, 142, 143
Medici, Familie, 87, 91
Medici, Lorenza de', 164
Meliore di Jacopo, 56
Melosi, Roberto, 80
Meo di Pero, 55
Michele di Ridolfo del Ghirlandaio, 35
Michelozzi, Michelozzo, 136
Minetti, Lucia, 145
Moretti, Italo, 24
Morganti, Jacopo, 155
Mori, Spartaco, 94
Mozart, Wolfgang Amadeus, 109
Oreggia, Marco, 162

Passignano, Domenico Cresti genannt il, 35
Piero di Agnolo da Fonterutoli, 142
Pistoi, Luciano, 145
Plinio Secondo Gaio, (Plinius der Ältere), 108
R.A.S., Riunione Adriatica di Sicurtà, 161
Ricasoli Firidolfi, Bettino (XIX Jh.), 50, 152
Ricasoli Firidolfi, Bettino, 153
Ricasoli Firidolfi, Francesco, 153
Ricasoli Firidolfi, Familie, 50, 52, 153
Ricasoli Firidolfi, Alberto, 157
Ricasoli Firidolfi, Giovanni, 156, 157
Sabellico, Marco, 162
Sangallo, Giuliano da, 136
Sanminiatelli, Bino, 41
Scartozzoni, Julia, 98, 114
Schwenn, Mario Felice (Mario di Dievole) 167, 168
Segni di Bonaventura, 55
Soderini, Piero, 33
Spender, Mattew, 70
Stianti Mascheroni, Giovannella, 144, 145
Strepponi, Giuseppina, 126
Strozzi, Alessandro, 41
Stucchi Prinetti, Emanuela, 164
Stucchi Prinetti, Pietro, 164
Stucchi Prinetti, Roberto, 164
Studiati, Paolo, 153
Tommaso da Modena, 150
Tozzi Ryan, Daniela, 94
Ugolino della Gherardesca, 109
Vasari, Giorgio, 13
Verdi, Giuseppe, 126
Verrazzano, Giovanni da, 32
Vettori, Francesco, 167
Viviani, Vincenzo, 127
Wilhelm, Werner, 155
Zonin, Gianni, 148

BIBLIOGRAFIE

V.A., *Il Chianti e la Valdelsa Senese*, Florenz 2000.

V.A., *Dal kantharos alla bordolese*, Centro di studi chiantigiani "Clante", Poggibonsi 2000.

V.A., *Civiltà romanica nel Chianti*, Centro di studi chiantigiani "Clante", Poggibonsi 1995.

V.A., *Il Monachesimo medievale in Chianti*, Centro di studi chiantigiani "Clante", Poggibonsi 1995.

V.A., *"Imago Clantis"*, Centro di studi chiantigiani "Clante", Poggibonsi 1993.

V.A., *Il Paesaggio Riconosciuto. Luoghi, Architetture e opere d'arte nella provincia di Firenze,* Mailand 1984.

V.A., *Il Chianti*, Centro di studi storici chiantigiani, Florenz 1984.

R. Barbaresi, D. Di Bello, *Il Chianti di San Felice*, Tavarnelle Val di Pesa 2000.

E. Bosi, G. L. Scarfiotti, *Di castello in castello. Il Chianti*, Florenz 1990.

M. Bossi, M. Seidel (Herausgeber), *Viaggio in Toscana,* Venedig 1998.

G. Branchetti Montorselli, I. Moretti, R. Stopani, *Le strade del Chianti Gallo Nero,* Florenz 1984.

F. Cardini, *Il Medioevo in Toscana*, Florenz 1992.

A. Casabianca, *Notizie storiche sui principali luoghi del Chianti,* Florenz 1941.

R. P. Ciardi, A. Natali (Herausgeber), *Il Cinquecento. Storia delle arti in Toscana*, Florenz 2000.

M. Frati, *Chiese romaniche della campagna fiorentina,* Pisa 1997.

S. Manetti, *Vino e Cucina. Divagazioni enogastronomiche*, Florenz 1995.

E. Massei, *Artigianato del Chianti. Radici, modelli e tradizioni,* Florenz 2000.

I. Moretti, *Case da signore e case da lavoratore*, Pistoia 1986.

I. Moretti, R. Stopani, *Chiese romaniche nel Chianti,* Florenz 1996.

I. Moretti, R. Stopani, *I castelli dell'antica Lega del Chianti,* Florenz 1972.

R. C. Proto Pisani, *Il Museo di Arte Sacra a San Casciano Val di Pesa,* Siena 1992.

E. Repetti, *Dizionario geografico fisico storico del Granducato di Toscana*, Florenz 1972.

L. Rombai, R. Stopani, *Il Chianti*, Mailand 1981.

M. C. Salemi, *Chianti. Leggenda, storia e qualità del principe della tavola, simbolo di un territorio*, Florenz 1999.

R. Stopani, *Un Santuario Altomedievale nel Chianti*, Centro di studi chiantigiani "Clante", Poggibonsi 1998.

Gedruckt im Juli 2003
von GRAFICHE FOVER S.p.A
Foligno (PG)
Italien

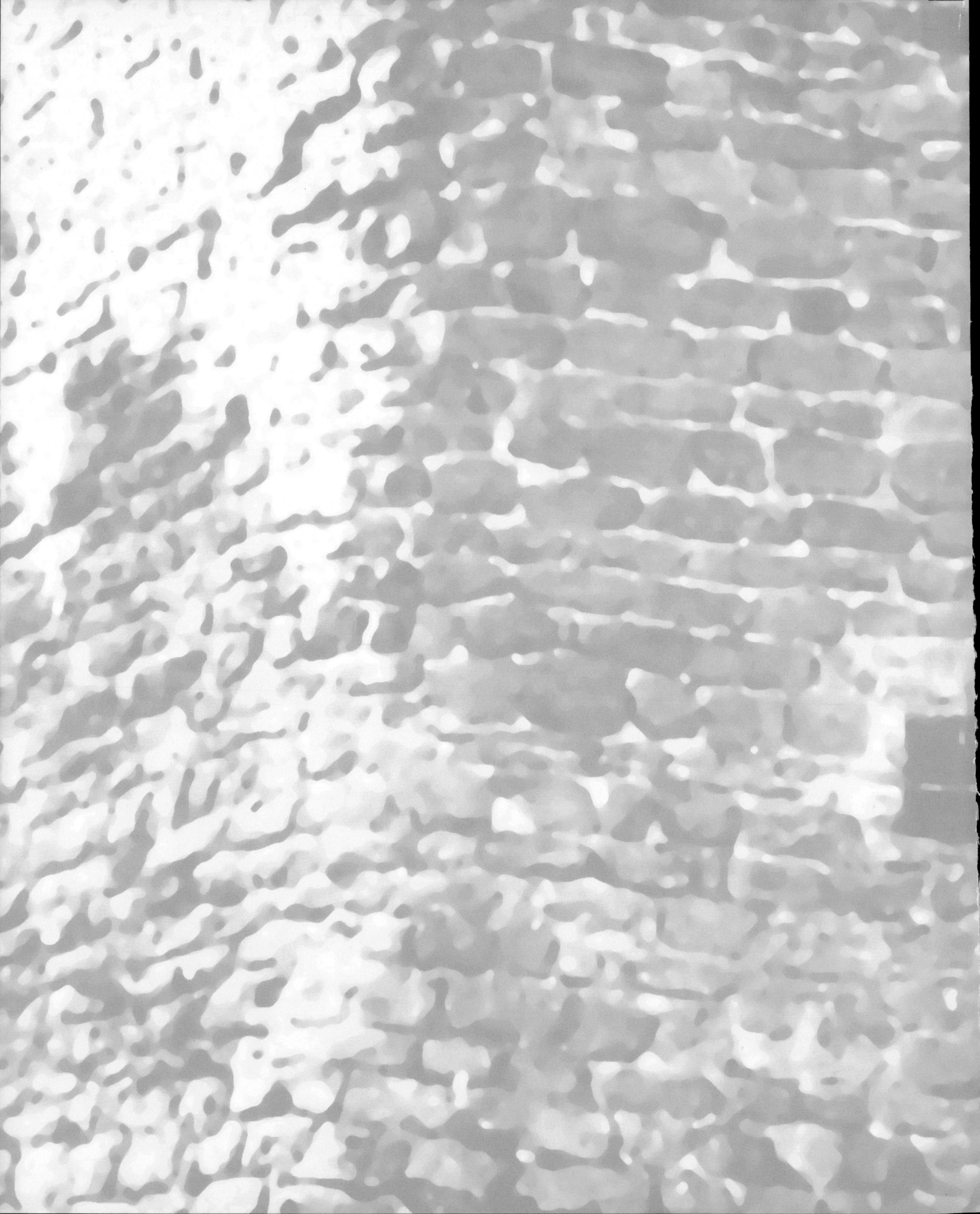